頭がいい人が使う
話し方のコツ

好かれる人、仕事ができる人は
ここが違う!

神岡真司&日本心理パワー研究所
編

日本文芸社

はじめに……話し方上達の決め手は〝潜在意識〟のコントロールにある！

人間の行動にはすべて理由がある。

あなたが意識する、しないにかかわらず、脳のはたらきによって、その行動が具現化されているのだから当然である。

たとえば、あなたはなぜ今、この本を手に取り、読みはじめたのか。

あなたはもちろん次のような理由を、たちどころにいくつも思い浮かべることができる。

「口下手だからもう少し気の利いたことが言えるよう、表現力を身につけたいから」

「人前に出ると上がってしまい、話が満足にできなくなる。大勢の人の前でも堂々と喋れるようになりたいから」

「説得力のあるプレゼンテーション力を身につけたいから」

「話上手になって、学校や職場で人気者になりたいから」

「女の子にもてるような話術を身につけたいから」

さまざまな願望が、もっともらしい理由として挙がってくるだろう。

だがしかし、それは本当だろうか。

もちろん嘘ではないだろう。でも、それはあなたが意識している表面的な理由づけにすぎないことに気づいて頂きたい。

人間を人間たらしめる〝理性〟といわれる意識的思考の大部分は、大脳新皮質で行なわれる。

だが、人間も動物である以上、動物脳たる大脳古皮質のはたらき――すなわち〝無意識（潜在意識・本能）の作用からは逃れられない。

むしろ、本能行動全般を司る、この無意識（潜在意識）の領域からのメッセージこそが、あなたの行動を決定づける真の理由になっているといってもよいのである。

なぜ、自分のことを口下手だと思い込んでいるのか。

なぜ、人前に出るとあなたは必要以上に上がってしまうのか。

なぜ、自分のプレゼンの仕方が説得力がないと考えているのか。

なぜ、あなたは学校や職場で人気がないという気持ちになるのか。

なぜ、あなたは異性にもてない会話をしてしまうのか。

このことに気づくだけで、自分の潜在意識が発している本当の理由に近づくことが可能となるのである。

巷《ちまた》には「話し方」や「コミュニケーション」についての上達の方法を講じた本が、それこそ山ほどある。しかし、そうした本を読破しただけで、驚くほどスキルの向上を見たという人はあまりいないのが実情だろう。

もちろん、以前よりは大分マシになったという感想はあるだろう。だがそれは、あなたの以前のレベルが相当低すぎたということに他ならない。

たとえば、自分は口下手だ、流暢に話せないという人に、大きく息を吸って第一声はゆっくり大きな声を出すようにしましょうなどと教えたところで、劇的な改善が望めるだろうか。

口下手だと思い込んでいる人の潜在意識の中には、不安や恐怖の心理がどっかり根を下ろしている場合がほとんどである。それを簡単に除去する方法論が伴わなければ会話力の向上策など絵に描いたモチにすぎなくなる。

試しに口下手な人に、過去にさかのぼって無意識の自分を語らせる「退行催眠」を施してみると、このことがよくわかる。幼少期に始終怒鳴られるような環境にいて自分を表現することが許されなかったり、学校で始終言葉のあげ足をとられからかわれたり、イジメられたり、あるいは人前で話さねばならないときに絶句して大恥をかいた経験など、こうした事実がいくつも重層的に積み重なることで、トラウマが形成されていったことが容易に窺えるのである。

昔、フランスの作家ボーヴォワールは「人は女に生まれない。女になるのだ」という有名な言葉を遺したが、まさに「人は口下手に生まれない。口下手になるのだ」ということなのである。

「話し方」を上達させるには、単なる表面的なテクニックを身につけるだけでは駄目だということが、朧気《おぼろげ》ながらもおわかり頂けたであろうか。

そう、あなた自身を知らず知らずに支配しようとしている潜在意識をこそ、その都度上手にコントロールする方法論を知り、その上で話し方上達の近道を探っていくことが大切なのである。

おそらく本書を読み終えたときのあなたは、目から鱗《うろこ》の思いで、自信をもって会話やスピーチを楽しみはじめた自分を発見する筈だ。

肩の力を抜いて、気楽に読みすすんで頂きたい。

頭がいい人が使う　話し方のコツ——目次

第3章●こんな話し方では軽蔑される
～相手から馬鹿にされない話し方

第4章 ● アッと言う間に相手の心をつかむ会話術
～簡単に相手の懐に飛び込む話し方

第5章 ● 相手をいい気持ちにさせる会話術
～相手を自分のペースに巻き込む話し方

第6章 感動を呼ぶスピーチの極意
～誰でもちょっとしたコツで相手に感動を与えられる

●編　集　協　力　㈱リアルプロモーション
●カバーデザイン　若林繁裕

第1章

話し方ひとつで馬鹿か利口かが判断される

～相手に好印象を与える効果的な話し方

自分で下す評価はアテにならない!

「頭がいい」という表現には二通りの意味がある。

文字通り、賢い、利口だというそのままの意味で使われる場合と、「たしかに頭はいいんだけどね、あの人は」といったときなどの、皮肉のニュアンスがこめられた場合の二つである。

人間の潜在意識には「認められたい」「承認されたい」という生来の願望があるから、誰だって馬鹿とは思われたくない。

できるだけ賢い人に見られ「頭がいい」と賞讃されたいものだから、ついつい背伸びをしてしまいがち。しかし、知ったかぶりの無理やひけらかしの自慢がすぎて、墓穴を掘る例は枚挙にいとまがない。

「彼にはポテンシャルは認められるけど、エクスキューズが多くて、ヒエラルヒー体系に位置づけられるメンバーとしてのガバナビリティーにはクエスチョンをつけざるをえないんだよね」

中途半端に横文字を並べるぐらいなら、全部英語で言ってみろよと突っ込みを入れたくなるような外来語かぶれの上司はよく見かける。

「ニーチェが批判したように、きみのそんな考え方は、抑圧的で欺瞞に満ちたルサンチマン根性に他ならないと言わざるをえないんだがね、どうだい？」

何で突然ニーチェが出てくるんだ、とボヤきたくなるような知ったかぶり人間もいる。

「ぼくの母校の、あ、一応東大の経済だったんだけど、その頃一番仲の良かった奴が、今コーネル大学で助教授をやってるんだよね。ほらアメリカのニューヨークにある大学で医学部が一番有名で、アイビーリーグの……」

自分や友人がいかに優秀な学歴を有するかということを会話の中に入れなくては気がすまないというような自己偏愛型の人間――。

こういう人達は、たしかに学校のお勉強などもよくできて、偏差値の高い大学などを出たりしている場合も多いのだが、彼らの潜在意識に共通するのは意外なことに、強烈な劣等感に他ならない。

だからこそ、自分が常に他者より優位にあることを意識しないではいられないし、いつも自分より下位の者の存在を確認しなければ落ち着かない気持ちに苛まれている。

ゆえにこういう人たちは、周囲からプライドをへこまされるような、大阪弁でいうところのイチビリ精神の発揮にでも遭ったりすると、てきめん血相を変えて感情の動揺を表に現してしまうことが多いものなのである。

こんな人たちを指して、本当の意味での「頭がいい」とは言わないだろう。

むしろ、お馬鹿さんとか小利口者《こりこうもの》程度に、世の中の人たちは見ているわけである。

そう、本当に「頭がいい」と言われる人というのは、自然体の話し方の中にこそ、その真性が宿るものだということを知っておきたいのである。

ところで、「おれは人と話すのは苦にもならないし、むしろ得意なほうだけど、大勢の前でのスピーチだけはちょっと苦手だな」なんてことを気軽に言ってのける人間は、あなたの周囲にもいないわけではないだろう。

会話はまあまあ得意でも、スピーチは苦手……。

こんなナメたことを言ってて大丈夫だろうか。

昔から「沈黙は金、雄弁は銀」という言葉の通り、けっして流暢に喋れるから「頭がいい」ということにはならないし、好感を得ることにもつながらない。

たとえ訥弁《とつべん》であっても、品格や教養、頭の良さや人柄の良さ、すなわち万人から好評を得る「話し方」というのはいくらでもあるのだ。

むしろ、今この本を読んでいる人で、そこそこ人との会話に自信があるなどと思っている人こそ、よーく考えてみる必要があるだろう。

なぜなら、会話にしろ、スピーチにしろ、本当の評価を自分で自分に下すことなどは、どだい不可能なことなのだから。

あなたが自分で得意に思うほどの会話力がはたして本当にあるだろうか。

相手はその時々によって異なるし、場所も変われば、話題も千差万別だ。

スピーチならある程度の反応はつかめるかもしれないが、会話の場合は、ありとあらゆる状況下での臨機応変、当意即妙の対応こそが望まれるものであり、評価は相手がするものである。

だとしたら、ここでもおわかりの通り、知らず知らずに自分の潜在意識に支配されるがままに、あなたは相手にもしかしたら不快なメッセージを送っているやもしれないだろう。

あなたの話し方の中に劣等感の裏返しである優越意識が強く宿っていたり、相手に対する反発の気持ち、何かに対しての恨みやフラストレーションがあるやもしれないとしたら、それこそ瞬時にコントロールして消し去る方法論をこそ、きちっと押さえておくべきだろう。

そして、相手がこちらの言葉から、より良い快適なメッセージを受けとれるよう、常にスキルを磨いておく必要があるのだ。

会話はピンポンのようなものである。癖のない球を与えるからこそ、よい球となって返ってくる可能性が高まるのだ。

言葉がスラスラと流暢に出てくるからといって、けっして会話上手などと自己評価を下す前に、知らず知らずに自分の潜在意識が、悪いメッセージを外部に送っていないかどうかをこそ、検証する姿勢が大切なのである。

POINT

自分の会話力に自己評価は禁物！

自分ではうまく話しているつもりでも、潜在意識の中の悪いメッセージが放出されているとも限らない。絶えざる自己検証こそが肝心である。

潜在意識とは!?

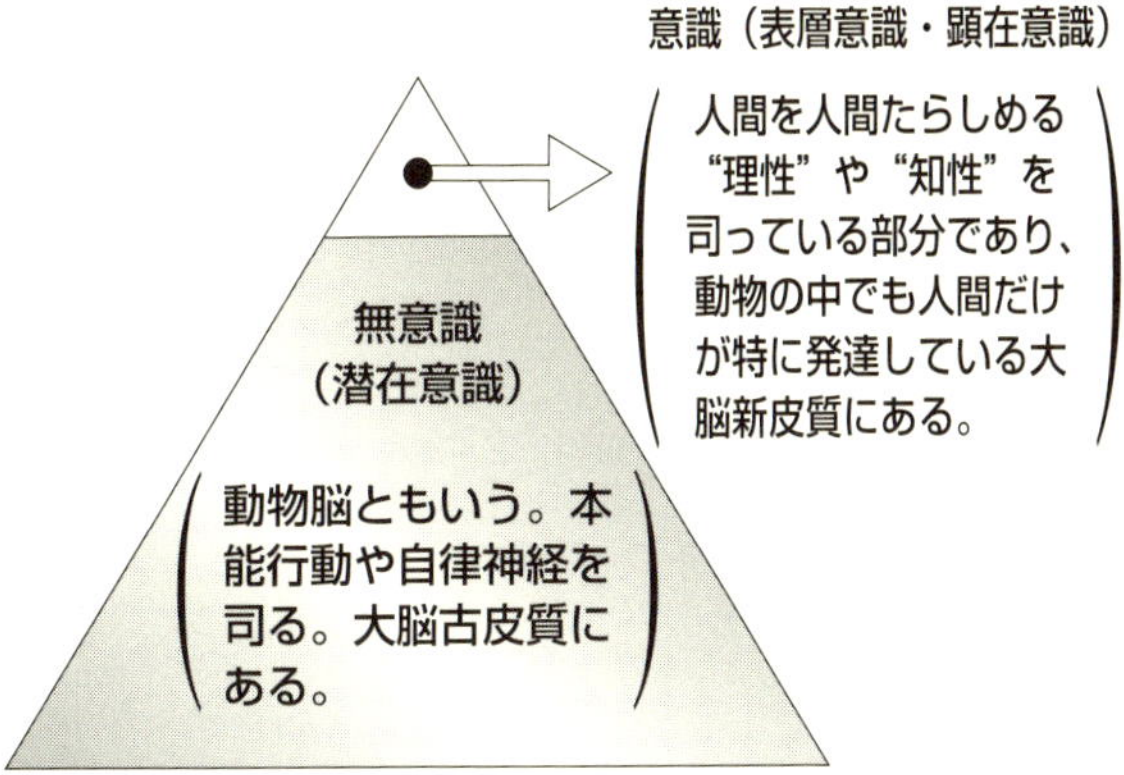
意識（表層意識・顕在意識）
人間を人間たらしめる“理性”や“知性”を司っている部分であり、動物の中でも人間だけが特に発達している大脳新皮質にある。
無意識
（潜在意識）
動物脳ともいう。本能行動や自律神経を司る。大脳古皮質にある。

潜在意識が及ぼすパワーは強い

ぼくは一応東大だけど、きみは？
タハハッ……三流私大卒です
やな奴だなあ……
凡人
エリート

強い劣等感が潜在意識に巣くっていると、エリートであってもその反作用としての優越意識が現れて鼻もちならない奴となる。

相手の潜在意識をも活用すべし！

前項でふれたように、話し方上達の秘訣は、いかに自分の悪い潜在意識（トラウマ）の影響から逃れられるかというところにある。小手先での言葉遣いや話の組み立て方などを学ぶだけでは、1分も話しているうちにバケの皮が剥がれてしまう。潜在意識は知らず知らずにあなたの外部にも顔を覗かせてくるものだからなのだ。

あなたがどんなに明朗快活な青年を演じるべく話し方に工夫を凝らそうとも、あなたの話し方に野卑な部分や飽きっぽくて投げやりな部分、あるいは競争意識が強すぎて、他人をいつでも蹴落とそうとする冷酷な部分などが顔を覗かせてしまったのでは、台無しだろう。

「メリハリのある受け答えをするんだけれど、どこか信用できない感じがするんだよね」

「リーダーシップを発揮するタイプだとは思うけど、なぜかニヒルで他人に冷たいような印象が漂っているんだよなあ、本人は協調性をアピールしてはいるけれど……」

などと就職試験の際に、面接官がこのような感想を抱いてしまったとしたら、あなたは立つ瀬がないだろう。

もちろん潜在意識の中には、あなたが気づかぬままに外部に良い影響を与えてくれるものも沢山ある。

「ボサッとした感じでモソモソ喋るんで、コイツやる気があるのかなと思っていたんだけれど、ものすごく几帳面で親切心にあふれた性格がにじみ出てるんだよ」

「いかにもすばしこくて要領だけがいい人間のように思えたんだけど、根が素直というのかな、正直で裏表を感じさせない愚直さがあってね、好感のもてる人物に思えたよ」

面接ではこんな形で人物評価が固まっていくものだが、日常生活のあらゆる場面においても、こうした評価は多かれ少なかれつきまとっているのが現実だ。

人間はもともと意識（理性）の力で、言葉を選んで話しているつもりでも、潜在意識の中に、知らず知らずに蓄積され培われてきた記憶の力（良い体験・悪い体験）によって、話し方そのものがどうしても影響を受けてしまうのである。

人はそれを時として気質とか、性向といった言葉で置き換えた表現をするものだが、ここでいう潜在意識というのは、無意識の領域全部を指しているので、自分では普段まったく意識できない、周囲の人間さえ気づかない、その人間の根源的なものまでも含んでいる。

たとえば、催眠術にかかった人の状態というのを、TVなどで観たことがあるだろうか。このとき、催眠が深ければ深いほど、その人の意識（顕在意識・理性）は、はたらかなくなる。タレントであっても、自分をよく見せたいとか、可愛らしいイメージを保とうなどという意識がなくなり、生まれたときから今日までの無防備なままの動物的本能による記憶（潜在意識＝無意識）だけが、むき出しの状態になってしまうのである。

しかも、この状態のときは、外部からの指示や命令を抵抗なく受け入れる素地にあるから、「犬になりましたよ」と言われれば、恥ずかし気もなく犬のマネをするし、人間の好き嫌いなど本音そのものをも何でも喋ってしまう。つまり意識（理性）の影響が消え、潜在意識だけの裸の人間になっている。そうして本能のままに行動するのは開放感があって心地が良いのである。ちなみに、精神分析でおなじみのフロイト博士が、無意識（潜在意識）の領域を見出したのは、この催眠術からであったというのは有名な話である。

このように、人間はむしろ動物のままに行動するのが本能であったにもかかわらず、大脳新皮質の著しい発達と進化によって、理性や知性といった人間ならではの意識領域（顕在意識）を獲得していったわけである。

当然、本能むき出しのままでは社会生活は成り立たない。

こうした意識（理性・知性）というベールをまとうことによって、本能と異なる行動をとらねばならなくなった人間に、ストレスという症状が大きな課題としてのしかかってきたのもまた、むべなるかななのである。

ところで、自分の潜在意識の悪いメッセージを露呈させたままでは、相手との会話による良好なコミュニケーションが成り立たないのは、これまで述べてきた通り。そこから逃れる方法を講じることが必要になるわけだが、もうひとつ、付け加えておくべきことがある。

それは、相手の潜在意識をも手玉にとるという方法論である。

たとえば、必要以上に上にへつらい、下に厳しいという典型的なご都合主義の中間管理職の上司がいたとしよう。

こんなタイプの人は、よもや自分が上にゴマスリをしていても、それが部下や周囲の人間に気づかれているなどとは思っていない。バレたらマズイと時折不安になることはあっても、なあにわかるまいなどとタカをくくっているのである。

こんな人に「あんたはゴマスリだけの最低人間だ」などと罵倒すれば、たちまち相手の潜在意識にあなたという人間が〝敵〟として認識され、深く記憶に刻まれるのは間違いないが、逆に相手の潜在意識に安心感を植え付けてやる方法は、こんなタイプにこそかえって効果的となる。

「課長は実力主義で邁進《まいしん》されるタイプだとはかねがね思ってはおりますけれど、たまには部長や役員クラスにも、お世辞のひとつぐらいは言われたほうが、お立場上よろしいかと思いますよ」

こんなひと言で、たちまち相手はあなたのことを、従順で可愛い奴だと思ってくれたりするのである。

POINT 自分の悪い潜在意識は隠し、相手の悪い潜在意識は手玉にとろう

潜在意識は常に意識の隙《すき》を突いて姿を現そうとしている。自分のそれは隠し、相手のネガティブな潜在意識をこそ手玉にとって操るべきなのだ。

相手の潜在意識を手玉にとろう！
いやーさすが専務！見事なお手並でした
モミモミ
むははそーかね
専務
課長
お前やる気あんのか！ボケ、カスコノー！
申し訳ありま……
課長
部下
課長は実力主義で鳴らしてらっしゃいますが、たまには役員クラスにお世辞のひとつも言われたほうがお立場上よろしいかと…
がっはっは！なーに心配はいらん！わしはゴマスリが大嫌いだからな
よかったー♡バレてない、バレてない
課長
部下
潜在意識に心地良い安心感がひろがる！

悪い潜在意識（トラウマ）がもたらす「話し方」の癖とは⁉

自分自身でも気づいていない悪い潜在意識がもたらす作用、それは実際「話し方」のどんな表現に現れてくるのだろうか。ここでは、いくつかの類型パターンを分析しておこう。

●怒りっぽい話し方

心理学では怒りのベースにあるものとして「不安」や「恐怖」の内在が指摘されているが、話し方に怒気を含んだ表現をすることが多い人の潜在意識にも、同様に不安や恐怖の影を見ることができるだろう。

たとえば幼少期に両親から十分な愛情を受けることのなかった人（虐待経験も含む）は、長じてからも、自己肯定感がもてず、その反動として誰彼構わず傷つけるような言葉を投げかけてしまうのは、心理学でもよく知られている原理である。

すなわち、自分自身が誰からも必要とされていないことへの不安や恐れが、こうした怒気を含んだ言葉に知らず知らずに顕在化してくるのである。

現在の地位や立場の維持に不安を感じている企業の管理職などの人間も、保身欲求として部下に対しこうした怒気を含んだ言葉をつい口走ってしまうのは、よく見られるところである。

気が小さい人で転落失墜するという恐怖の潜在意識が強ければ強いほど、こうした衝動に知らず知らずに突き動かされてしまうのだ。

●どこか投げやりな話し方

話す言葉に感情がこもっていなかったり、特別なこだわりを何ら感じさせない話し方、一見冷静で落ち着いているようにも見受けられるものの、どことなく投げやりな印象がつきまとう話し方がある。

これは自分の内面の心理を誰にも知られたくないという警戒心、防御意識が、潜在意識に横たわっている顕著な例である。

過去に信頼した誰かから裏切られたり、何か心に相当なダメージをくらうといったトラウマが、こうした言動の背景にあることが推察される。

●一方的にまくし立てるような話し方

自己顕示欲の強い人間によく見られる例である。潜在意識には「おれが、おれが」と出しゃばることでしか、他人の承認が得られないものとすり込まれているのである。人の話などおかまいなしで、それよりも自分の話のほうがはるかに重要度が高いとばかりに、次から次へと話すタイプだ。当然、自分のほうが相手より優秀であり、相手を見下しているわけだから、相手は辟易《へきえき》せざるをえなくなる。

●噛んで含めるように同じことを繰り返す話し方

これまた、潜在意識では完全に相手を見下している。相手は馬鹿だから、同じことを繰り返し説明しないと理解できないものと考えているのである。潜在意識にはエリート意識が根付いており、話の最中に「わかる?」「もっとわかりやすく言うとね」などの言葉がついて出るなど、相手に嫌味な印象を残すタイプである。

●愚痴や不平がはさまる話し方

自分の能力が正当に評価されていないという恨みの感情が潜在意識のベースに横たわっ

ているから、話す内容の多くが他への批判や悪口ということになる。本人が自分をインテリと自認している場合も多く、相手が褒《ほ》めてくれるまでやむことがないタイプでもある。

こんな言動を繰り返す人によく見られるのは、眉間を寄せたり、口唇をへの字に曲げるといった癖で、顔の表情にもいつしかそんな形状が貼りついてしまっていたりするものだ。

●修飾語のほとんどない、ぶっきら棒な話し方

他人と接するコミュニケーションに自信のないタイプであることはいうまでもないが、潜在意識のトラウマとして、幼少時に言葉遣いをからかわれたり、大恥をかくといった恐怖の言語体験が下敷になっていることは、ほぼ間違いない。だからこそ、できるだけ言葉を発したくないし、自分の殻にとじこもっていたいのである。

●自分の学歴や地位をひけらかす話し方

前項でも「頭のいい人だけど」という例でふれた通り、幼少期に親などから試験で常に優位に立つことを求められてきた結果、いつも勝利を目指さねばならないという強迫観念と、挫折を恐れる不安心理が交わり、永久に満たされぬ思いが屈折した劣等感（コンプレ

ックス）を育んでいるのである。劣等感を覆い隠す意味での優越感の露出は、時に自分の友人がいかにエリートかと語ってみせたり、自分の学歴を持ち出したりしないと不安に駆られる心理が作用しているわけである。

以上ざっと見てきたけれども、まだまだ他にも類型は挙げられる。こうした典型的なパターンでなくても、多かれ少なかれ誰もがこうした潜在意識からの悪いメッセージの支配から、自由になっているとは言い難いのが実情なのである。

POINT

誰もが潜在意識のもつトラウマに支配されている！

いくつかの悪い潜在意識の顕在パターンを知ることで、自分もその弊害に毒されていないかどうか、確認しておくことは有益である。

潜在意識のトラウマが話し方にも現れる！
怒気を含んだ話し方
さまざまな不安や恐怖の要素が背景にある。
愚痴や不平がはさまる話し方
自分が正当に評価されていないという恨みがベースにある。
投げやりな話し方
内面の心理を知られたくないという警戒心、自己防衛の要素が強い。
修飾語のほとんどない、ぶっきら棒な話し方
過去に失敗した言語体験がトラウマとなって横たわっている。
一方的にまくし立てる話し方
自己顕示欲が強くおれはおれはの自己中心的要素が支配的。
権威を誇示する話し方
劣等感が優越意識とない混ぜになって屈折して根付いている。
噛んで含めるように同じことを繰り返す話し方
相手を自分より見下しており、相手より自分が優位に立っているという確信をもつ。
なるほどひと筋縄じゃくくれないな

「交流分析モデル」を通して会話の流れを理解する！

前項では、潜在意識に根ざしている悪い記憶（トラウマ）が元となって、さまざまな形での話し方の癖になって現れてくることを見て頂いた。では、それが具体的会話ではどんな問題をもたらすのかをアメリカの精神分析学者エリック・バーンが作った「交流分析モデル」を使って、次の会話で分析してみよう。

課長「先週のレポートは何だよ。1日たったの3件しか回ってないじゃないか」（FP）
部下「申し訳ありません。1日5件を目標にしたのですが、1日3件がやっとだったんです」（AC）
課長「お前はいつも口だけだな、何が何でも5件こなそうという根性がないからそうなるんだ」（FP）
部下「実は企画書を持参する営業スタイルに変更したので、予想以上に資料作りに手間どったのが原因です」（A）

課長「何い？　企画書だあ？　生意気に。そんなもので注文がとれるか。何回も訪問して顔を覚えてもらってナンボが営業だろう」（ＦＰ）

部下「お言葉を返すようですが、先週回った18件中、約３割に当たる６件から、すでに見積り書の依頼を頂いているんです。レポートにも記しておきましたので課長もご覧頂いてるかと思ったんですが……」（Ａ）

課長「えっ、それは見落としていたな……」（Ａ）

部下「月の前半では１日５件回って見込客を探し、後半は見込客中心に企画書を作成して訪問するというスタイルに変えたところ、こういう成果につながっております」（Ａ）

課長「ふーん、そうだったのか。そういうことなら１日３件でも大したものだよなあ、いやあ悪かった。何か企画書を作る上で、協力できることがあったら何でも言ってくれよ。できる限りの便宜は図るようにするから」（ＭＰ）

課長の最初の台詞の下にある（ＦＰ）というのは、「父親的な厳格な心（Father Parent）」を表し、一般に怒気を含んだ話し方はほぼこの領域に該当する。理想の高さ、伝統や権威を尊重する反面、横柄で高飛車、攻撃的で過干渉、威圧的といった要素が核となっている心の領域である。課長は部下に対して、この（FP）の領域から怒りの言葉を発信することで、この会話はスタートしている。

対して、部下は（AC）という領域から、謝罪の言葉を発信する。（AC）というのは「従順で良い子であろうとする子供の心（Adapted Child）」を表し、忍耐強く協調性がある反面、主体性がなかったり、消極的で自己保身、依存心の強さといった要素をもち、この心の領域から発信し続けているとストレスをためていくことが顕著なものでもある。

次に課長が「お前はいつも口だけだな〜」とさらに（FP）の領域から発信したのに対し、部下は今度は勇気をもって、（A）の領域から言葉を発信し、反論する。

（A）というのは、「大人の理性的な心（Adult）」を意味し、冷静沈着、理性的で分別のある反面、冷たく機械的で感情が伴わないという要素ももった心の領域である。

ここではじめて部下は「企画書を持参するスタイルに変更したこと」を表明したわけだが、上司のほうは相変わらずスタンスを変えることなく（FP）の領域から続けて言葉を発信している（生意気に。そんなもので注文がとれるか）。

しかし、部下はここで一歩もひるまず、冷静に（A）の領域からの発信を繰り返し、実際の成果を開陳することで反論を続ける（3割に当たる6件から見積り書の依頼を受けている)。それによって、明らかにされた事実に驚いた課長は、今までの尊大な(FP)の領域からの発信をやめ、自らも冷静な(A)の領域からの発信でレポートの記述を見落としていたことを告げている。当初は、課長が部下を追い込む形だったこの会話は、ここで完全に形を変え、冷静沈着な(A)と(A)同士の会話となっていく。

その結果、課長は最後には、(MP)という心の領域からの発信をするところにまで変化を余儀なくされていくという流れである。ちなみに(MP)というのは、「母親的な慈愛に満ちた優しい心(Mather Parent)」を意味し、包容力や思いやり、寛容の要素の反面、過保護や同情的、甘やかしやおせっかいといった要素ももった心の領域である。

これが、会話の交流分析である。

「交流分析」についての詳しい解説を知りたい方は、他に専門書をあたってほしいが、ちなみにエリック・バーンは、人間が言葉を発信するに際して、これ以外に(FC)という「自由奔放にふるまいたい子供の心(Free Child)」という心の領域も設定している。すなわち「FP＝父親的な厳格な心」「MP＝母親的な慈愛に満ちた優しい心」「A＝大人の理性的な心」「AC＝従順で良い子であろうとする子供の心」と合わせて、人間の心の領域を五つに分けて、会話の成り立ち、流れを分析する手法を構築したのである。

あなたが誰かと会話をしているときに、相手の潜在意識がどんなトラウマに支配されているのかを見定めるとき、この交流分析は役に立つ。まず相手の言葉が五つの心の領域のどこから発信されているのかを判断してしまえば、会話を継続させるにしても、断絶させるにしても、こちらがどの心の領域から言葉を発信すればよいかがわかるからである。左頁の図を参考に、ぜひお試し頂きたい手法なのである。

POINT

相手の言葉がどの心の領域から発信されているかを判断しよう

アメリカの精神分析学者エリック・バーンが作った「交流分析モデル」を実際の会話に当てはめると、相手の潜在意識の拠り処や、トラウマを発見するのにも有効である。

交流分析に用いられる五つの心の領域

劣位なスタンス		中立のスタンス	優位なスタンス	
AC	FC	A	MP	FP
従順で良い子であろうとする子供の心	自由奔放にふるまいたい子供の心	大人の理性的な心	母親的な慈愛に満ちた優しい心	父親的な厳格な心

- FP は理想が高く、伝統や権威を尊重し、道徳的規律や理念に忠実である反面、横柄で高飛車、頭ごなしで攻撃的、排他的、過干渉で威圧的という要素ももつ。
- MP は包容力があり、思いやりが深く、温かい反面、過保護で甘やかしたり、同情に流されたり、おせっかいという要素ももつ。
- A は知性的、理性的で冷静沈着、公平で分別もある反面、現実的で冷たく、機械的であり、感情が伴わないという要素ももつ。
- FC は自由闊達、創造性に富み、直感的で表現力も旺盛な反面、わがままで破壊的、傍若無人、無軌道でお調子者という要素ももつ。
- AC は忍耐強く、協調性があり、慎重な反面、主体性がなく、消極的で、自己保身や依存心が強い要素ももつ。

＊会話における言葉の発信源（心の領域）は、さまざまに変化しながら、すなわち役割を変えながら交わされるものなのである。

「交流分析モデル」を使えば、お馬鹿な会話を回避できる！

前項の交流分析モデルでは、怒りっぽい上司と部下との会話を追ってみた。

あなたは明らかにこの上司を馬鹿な奴だと思ったであろうが、実はこんな手合いはあなたの会社を見渡せばたちどころに散見される筈である。

怒気を含んだ話し方をする人間の潜在意識には、何らかの不安や恐怖がベースになっていることはすでに解説したが、保身に汲々《きゅうきゅう》としていて部下に足を引っぱられることを極度に警戒し、のべつまくなしに怒鳴りちらしているパワハラ上司などもその典型なのである。

さて、この上司の話し方には、潜在意識の悪い記憶からのメッセージがふんだんに放出されていることがおわかり頂けただろうか。

何の前置きも挨拶もなく「先週のレポートは何だよ」などと部下に言うのはハナから相手を見下した態度であり喧嘩腰といってよい。

1日3件イコール落第――という決めつけをする以前に、もしかすると何らかの事情や計算があって、こういうやり方をしているのではないかという想像力すらもはたらかせられない。

あとでわかることだが、この上司は普段から部下のレポートにさえ、ロクに目を通していない実情をも露呈してしまっているのである。

この怒りっぽい上司と部下との会話の中で、賢い話し方をしているのはむしろ部下のほうである。

ぶしつけな上司の当初の威圧的言辞（ＦＰ）に対しては、最も適合した受け方である「従順で良い子であろうとする子供の心（ＡＣ）」で応じている。

このとき、いきなり冷静な「大人の理性的な心（Ａ）」で受けてしまったり、「自由奔放にふるまいたい子供の心（ＦＣ）」で受け、そこから言葉を発信してしまうと、次のような会話となり、この上司の怒りの感情をさらに増幅させてしまいかねないからである。

課長「先週のレポートは何だよ。１日たったの３件しか回ってないじゃないか」（ＦＰ）
部下「１日たったの３件とおっしゃいますけれど、１日５件回ってたときよりも見積り書作成につながる確率ははるかに上がっています。課長は私のレポートをキチンとお読み頂いているのでしょうか」（Ａ）

課長「何だと、読んでるから言ってるんだろ。お前いつからそんな偉そうなことが言える立場になったんだ。おれに口応えするのは10年早いんだよ」（FP）

×　×　×　×

課長「先週のレポートは何だよ。1日たったの3件しか回ってないじゃないか」（FP）

部下「えー、だって課長、1日3件だって、それなりに成果上がってんですよー。だったらいいじゃないすかー。ぼくのやりたい方法でやったほうが、効率上がってんですかラー」（FC）

課長「ふざけんな、どんな成果が上がったというんだ、言ってみろ」（FP）

部下「えっ、それもレポートに書いといたのに……。えーと、見積り書作成が、18件中6件にもなってるんすよー。少しは褒めてもらいたいぐらいすよー」（FC）

課長「馬鹿やろう。見積り書が6件たって、受注はまだゼロだろ。ゼロの段階で成果が上がってるなんて、思い上がりも甚しいわい」（FP）

なんてことにもなりかねないのである。さらに、こんなときに「まあまあ、そんなに怒らなくても」などと（MP）で受けて返したりしたら、事態はもっと悪くなるだろう。

したがって、「父親的な厳格な心（ＦＰ）」から発信された言葉には、まずは一番相性のよい、「従順で良い子であろうとする子供の心（ＡＣ）」で受けとめてやるべきなのである。もっとも、（ＦＰ）と（ＡＣ）の受け応えをこのあとも延々と続けているばかりでは、会話に発展性は生まれないし、次第に（ＡＣ）の側だけがストレスも感じてくる。

だから、早い段階でいかにタイミングよく、職場での生産性を上げるのに適している、合理的なやりとりである（Ａ）対（Ａ）の会話にもち込むべく、部下の側が（Ａ）からの発信メッセージをふやしてやる必要があるといえるのだ。

上司のほうも、部下の（Ａ）からの発信に対しては、いつまでも（ＦＰ）から言葉を発信し続けることに困難を覚える。自然と（Ａ）からの発信に移行せざるをえなくなるものなのである。

このように会話というのは、常に言葉を発信する人の心の領域がそれぞれ変化しながら続いていくものなのだ。

たとえば、酒場で同僚と、共通の上司の悪口を言い合って盛り上がっているときなどには、えてして両者とも子供っぽい（ＦＣ）と（ＦＣ）の発信が交互に際限なく続くものだし、恋人同士の場合には、大方のところ、男が（Ａ）や（ＡＣ）、（ＦＰ）あたりで、女が

（ＭＰ）といった関係でスタートし、時に男が（ＦＣ）からの発信で甘え、女が（ＭＰ）で受けとめてやったり、（Ａ）で少したしなめたりといったことが多く続いていくのである。

繰り返すが、言葉には潜在意識の中からの良いメッセージや悪いメッセージが知らず知らずのうちに顕在化してくるものだ。

だからこそ、交流分析の手法を使うことで、自分の潜在意識や相手の潜在意識のメッセージを的確にとらえ、良好な会話につなげていく必要があるといえるのである。

POINT

「交流分析モデル」を使うと潜在意識がとらえやすくなる！

苦手な相手との会話パターンが、どのような心の領域から発信されていくのかを考えてみよう。そこから探ると、双方のもつ潜在意識のメッセージをも、より明確にとらえやすくなる。

「交流分析」で見る生産的な会話の流れとは？

課長「先週のレポートは何だ。1日たったの3件しか回ってないのか（怒）」(FP)

○「申し訳ありません。1日3件がやっとで～」(AC)

×「1日たったの3件とおっしゃいますけど～」(A)

×「えー、1日3件でもそれなりに成果上がってますよ～」(FC)

×「まあまあ、そんなに怒らないで下さいよ」(MP)

＊(FP)から発信された言葉には、いったん(AC)で受けとめて返すことが肝心。でないと相手の怒りを増幅させかねない。

ついで…
企画書持参のスタイルに変更したために、1日3件になりましたが、手応えは前より大きいです（A）
レポートは読んで頂けてないのでしょうか（A）
エッ？
そ、それは見落としていたな……（A）
部下
上司

＊ひるまずに今度は(A)からの発信をふやし、相手も(A)の土俵にのせることが、生産的な会話につなげるコツである。

第2章 あなたの話し方は間違っている

～誰もが陥りやすい話し方の落とし穴

人前での緊張感を瞬時になくす自己催眠法！

ふつうに人と話すぶんには平気だけれど、スピーチは苦手だという人は多い。大勢の人を前にすると上がってしまい、言葉が出てこなくなるというわけである。

深く催眠誘導した人に「目の前に聴衆が数百人いて、あなたがスピーチするのを待っています。しかし、あなたは何を話すべきか、まったく何の準備もできていない。もうじき、あなたの順番がやってくる、さあ、どうしよう」などと伝えると、とても興味深い反応が起こる。被験者は次第に呼吸数がふえ、掌にはうっすらと汗をかき、心拍数も増大して、喉の渇きまで覚えはじめるのである。交感神経が刺激され、明らかに全身が緊張状態に覆われていることがわかるのだ。

これが潜在意識そのものの反応だが、なぜこんな反応を示すのか。

それは、あなたがこの世に生まれてから、今日に至るまでに体験した記憶（もちろん自分の意識では覚えていないことも含む）がそうさせるのである。

人前で話すのは勇気がいる。大勢の人の前に立つとそれだけで緊張する。言葉がうまく出てこない。こう思ってしまうのは、話の途中で頭が真っ白になって絶句した経験がある。うっかり言葉を間違えて大笑いされた。ろくに喋れないまま演壇から降りた――ｅｔｃ。とても恥ずかしい体験、恐ろしい体験として潜在意識に記憶されたがために、人前に立つことが、あたかも条件反射の如く、緊張感を呼び起こすメカニズムを形成してしまったというわけである。はっきり言って、このメカニズムを断ち切らないと、スピーチの上達は覚束ないのである。

　ではどうすればよいのか。もちろん、最もよい上達の方法は、場数を踏むことなのだが、一般の人にはそうそう練習の場があるわけではない。

　スピーチの機会の多い政治家の場合を見てみるとよくわかる。そのへんの市町村会議員から国会議員などに至るまでさまざまなタイプがいるけれど、話の上手下手はあっても、堂々とマイクを握り、不特定多数の人の前でも臆することなく弁じることができる筈である。

　しかし、彼らも選挙に初出馬した頃などはけっしてそうではなかったのだ。聴衆の前で喋るのがはじめから得意だったなどという人はいないのである。それぞれが必死になって人前に立ち、声を出してスピーチすることを自らに課してきた成果なのである。

まさしく、場数を踏むという努力によって、潜在意識からネガティブなメッセージが消え、むしろ〝自信〟と入れ替わったとさえいえるのである。

このように人前でスピーチすることに慣れた人なら、もはやどんなときでもまったく緊張しなくなるのであろうか。いやいやそんなことはないのである。時と場合によっては、ある程度の緊張を余儀なくされるのは当たり前なのである。

しかし、スピーチに慣れた人にとっては、些《いささ》かでも緊張を強いられる場面のほうが、むしろ集中力を発揮して「いかに気の利いたことを言ってやろうか」などとポジティブに身構える。かえってヤル気が湧くようにさえなっているものなのだ。

さあ、それでは場数を踏んで練習することもままならないあなたは、どうすれば潜在意識のトラウマから逃れて、人前で話せるようになるのだろうか。

はじめにまず基本的な事柄だが、スピーチの事前準備として何を話すかぐらいは決めておいて頂きたい。これは、現場で上がる上がらない以前の問題だからだ。すなわち主題をひとつと、そしてそれをどう結ぶかの簡単な言葉ぐらいは用意しておきたい。

たとえば「愛国心」をテーマに話すとしたら「愛国心を強調しすぎて他国の人を見下したり、敵視したりすることがあってはならない」などという結びの言葉である。

「夫婦円満」をテーマにするなら「喧嘩をしたときには、原因はどうあれ、自分のほうからゴメンと頭を下げるぐらいの度量の広さが欠かせない秘訣である」といった具合だ。

あとは、それにまつわるエピソードを添えてやれば一丁上がりと思って頂きたい。原稿を暗記したりはかえってよくない。ついでにこれを1分間の時間を計り、自分一人で喋ってみれば準備は万端となる。さあ、いよいよスピーチの本番である。

これから、集まっている人たちの前でスピーチをするんだ、どうしよう、恐いなあ……などとあなたは意識するほどに緊張感を高めていくだろう。

ここでは、潜在意識は外部からのメッセージを何でも素直に受け入れていくことを思い起こして頂きたい（催眠状態であなたは犬になりましたと言えば、犬のマネをしたりする）。この原理を逆に応用しなければならないのだ。

あなたにやって頂きたいのは、まず緊張のあまり呼吸が早くなっているので、極力ゆっくり深く呼吸してほしい。潜在意識に体の緊張を極力悟らせないためにも、実際の意識はともかく体のリラックスを演出しておくのだ。そして、会場全体を見渡して頂きたい。

それから、地球全体のイメージ（衛星写真などを見たことがあるだろう）を頭に鮮やかに思い浮かべ、そこから見ると、この会場は実にちっぽけなものにすぎないなあと、自分で意識する。そして、ここからが肝心なのだが、自分が巨人にでもなったつもりで会場にいる人たちを自分の両手をひろげ、端のほうからズーッとかき集める想像をして頂きたいのだ。これであなたの潜在意識は会場の人数に飲まれるのではなく、飲み込んだような印象に変わる筈である。

馬鹿馬鹿しいと思わないで頂きたい。潜在意識の記憶をすりかえるテクニックについては、このあともさまざまなパターンで解説するが、まずはこのやり方が最も簡単にできる、初歩的でありながら効果的な方法なのである。

POINT

潜在意識の記憶をすりかえることが大切！

潜在意識は「人が大勢いる」「失敗したらどうしよう」などと意識するほど反応し、過去の記憶を甦らせて緊張状態をさらに増幅させる。ちょっとした外部作用で、このトラウマをすりかえることが肝心である。

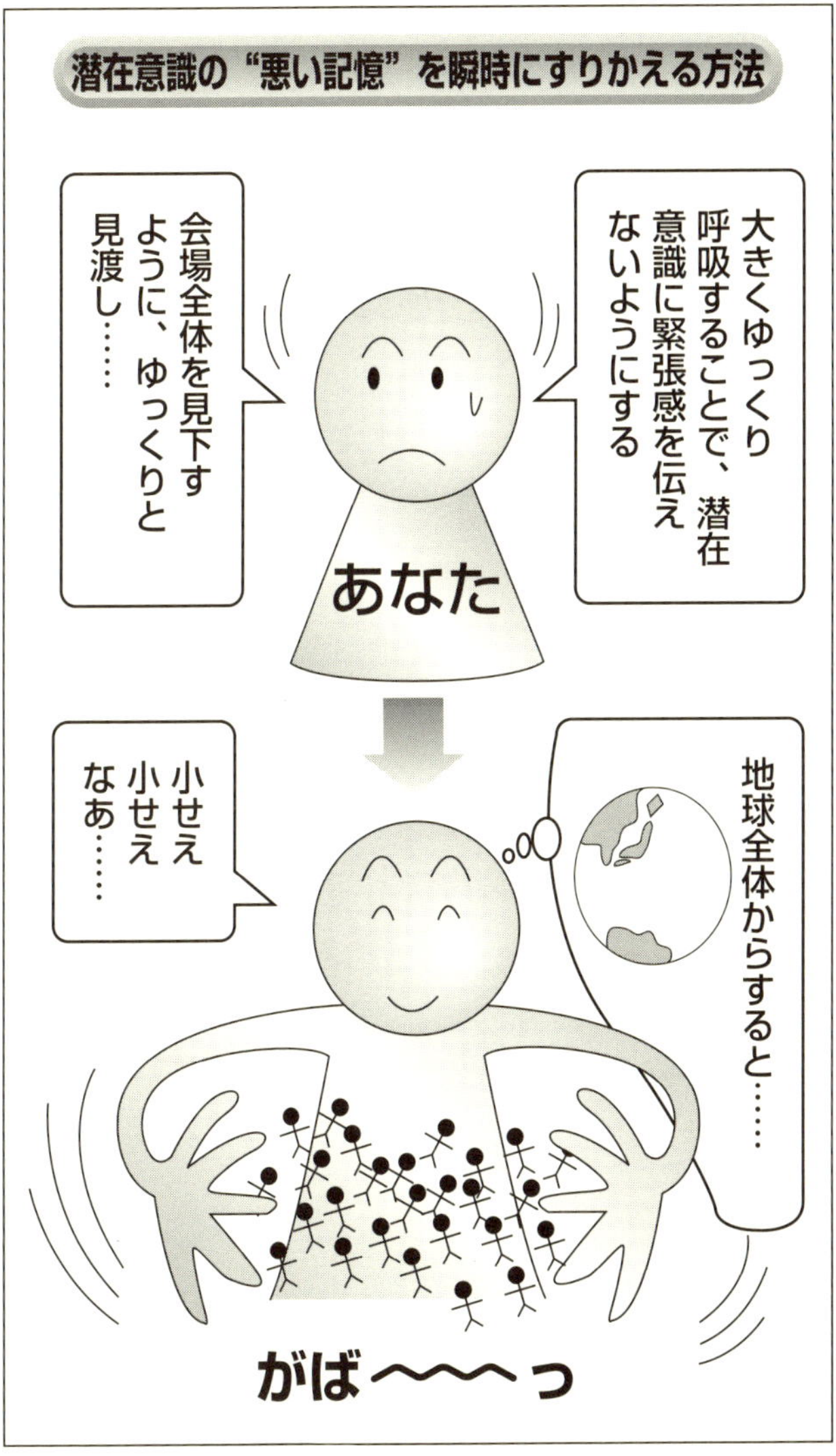
潜在意識の“悪い記憶”を瞬時にすりかえる方法
大きくゆっくり呼吸することで、潜在意識に緊張感を伝えないようにする
会場全体を見下すように、ゆっくりと見渡し……
あなた
地球全体からすると……
小せえ小せえなあ……
がば〜〜〜っ

簡単な自己催眠法で怒気を含んだ話し方も直せる！

前項では、スピーチをするときに上がらなくするための簡単にできる潜在意識のトラウマすりかえ法について解説した。ご納得頂けたであろうか。

何だかよくわからない、本当にそんなことぐらいで効果が上がるのか、と半信半疑の方には、次のような催眠誘導の実例を知って頂くと参考になるだろう。

たとえば、中程度の深さに催眠誘導した人へ「あなたは催眠から覚めると、煙草が嫌いになっていますよ。もう匂いを嗅いだだけでも気持ちが悪くなっています」と伝えてから覚醒させる。そこで煙草をくわえさせ火をつけてやると、いきなりゴホンゴホンと咳《せき》込んで「気持ちが悪くなった」という感想を述べる人をTVなどの催眠術の番組で観たことはないだろうか。これが、潜在意識の記憶のすりかえという現象なのである。

今まで煙草を喫うことが快感だと認識していた潜在意識の記憶が、外部からの言葉のメッセージによって瞬時にして、嫌いなものの記憶にすりかわってしまったというわけである。

このようにして催眠の技法を使うと、食べ物の嗜好《しこう》なども同様にしてすりかえを行なうことができる。もちろん催眠セラピー（療法）の現場では、これを何度か行なうことで、一過性で終わらぬよう、しばらく経ったら消えてしまった、元に戻ったということのないよう、定着させる作業を行なうのはいうまでもない。

ところで、スピーチのときに上がってしまうという人にも、事前に催眠を施しておくと効果的なのはもちろんだが、いきなり実際の現場ではそうもいかない。

そこで覚えておいて頂きたい方法が、前項で紹介した簡単な自己催眠法なのである。

スピーチが苦手だと思い込んでいる人は、聴衆を目にした段階で、すでに緊張はピークに達している。一方、逆にスピーチが苦にならないと思っている人は、それほどの緊張状態には陥らないだろう。

この両者の潜在意識の状態をすりかえる、つまり「上がる」と思い込んでいる潜在意識を、「大して上がることもない」というふうに潜在意識にすり込んでやるためには、これからスピーチするという意識をできるだけ封印し、他のことに臨んでいるように錯覚させることが一番なのである。

こうした原理を知っていれば、スピーチの現場で必要以上に緊張状態に陥っている場合には、意識の上でいくら「上がらないように」と念じても駄目で、体のほうをコントロールし、つまり視覚的イメージを作ったり、身体的動作を行なっていくほうが、はるかに顕著な効果につながることがわかる筈だろう。

すなわち、意識の力では、潜在意識の状態を変えられないばかりか、余計に刺激するばかりだから、そんなことより、頭の中で瞬時に、現実とは異なる視覚的イメージを作り（潜在意識は実際に体験していないことでも、視覚的イメージの作用によって体験したと同じ記憶となる）、体の動作によって潜在意識を騙してやるほうが手っ取り早いということなのだ。

もともと自己暗示というものは、自分の意識の上で「煙草は体に悪いからもう喫わない」などと繰り返すだけだが、それでは潜在意識をコントロールできないのである。だから強い意志の力で、我慢して禁煙するという形にしかならないものだ。

しかし、本書でいう簡単な自己催眠法というものは、直接的に「煙草を喫わない」などと意識にのぼらせるのではなく（意識すると潜在意識の快感の記憶がより強く甦って、余計に喫いたくなる）、体の一部分にしかるべく動作をさせたり、空気の味をおいしいと実感させるべく鼻に意識を集中させたり、呼吸の仕方を指導して、煙草を喫いたいという潜在意識そのものの記憶を飛ばしてやるというものなのである。要するに体感から本能に新しい記憶を入れて、古い記憶とすりかえてしまおうということである。

これは、スピーチの現場において「自分は絶対に上がらない」「きっとうまく喋ることができる」などと何度も念じて、自己暗示を繰り返す方法とは明らかに違うのである。

さて、前置きが長くなってしまったけれども、それではここで、もうひとつ、簡単にできる自己催眠法を使って、怒気を含んだ話し方をする人の、潜在意識に巣食っている〝怒り〟（不安や恐怖がベースになっている）を飛ばしてしまう方法をご紹介しよう。

家庭でも、学校でも、職場でも、すぐカッとなって見境なく怒鳴ったり、敵意むき出しの発言をしてしまい、あとでおれはどうしてこんなに怒りっぽいのだろうなどと嘆いている人には、極めて有効な方法論である。

まず、こういう人は、人と話をするときに、ゆったりと呼吸しながら両手の指を組み合わせて、指同士を組んで話しかけるようにしてほしい。これだけの簡単なことで、潜在意識の怒りの記憶を飛ばすことができるのだ。あまりにも簡単すぎて面くらってしまっただろうか。あるいは、両方の手の指を自分のアゴの位置までもってきて合わせるようにする方法でもよいだろう。

こうすると、あなたは話の中で、いつもなら怒気を含んで言う筈のところでさえ、冷静に落ち着いて話せるようになるのである。

なぜ、こんな簡単な方法が有効かというと、催眠誘導された人を実際に怒らせると決まって現れる反応動作があるが、これを完全に封印する形にしているからなのである。つまり、この動作をとり続けている限り、怒りの潜在意識は刺激されないわけである。

試しにこの動作のままに、腹の立つこと、怒り心頭に発したときのことなどを、思い浮かべてみるとよいだろう。怒りは不思議と湧いてこない筈であるから。

POINT

動作ひとつで潜在意識の記憶はすりかわる！

つい怒気を含んだ話し方をしてしまう人は、ゆっくり呼吸しながら両手の指を前で組み合わせるか、両手を自分のアゴの位置までもってきて合わせるようにして話をすると、怒りの感情が湧かなくなる！

怒気を含んだ話し方をする人の特効薬！
催眠誘導した人を怒らせると左図のような動作を伴ってくる。
手が前に出て拳を握り、頭も体もやや斜めの前屈みになる。
こうすると怒気が抜ける
アゴのあたりに両手を当てる
あのねえ
何でだろ……
怒ってない……
両手を前で組み合わせる
えーと
実はですね
何だか……
いつもと違うな……
＊これが、瞬時にして簡単に行なえる「自己催眠法」である！

訥弁《とつべん》の人でもスムーズに話せる自己催眠テクニック！

これまでの解説で、潜在意識があなたの「話し方」に、いかに大きな影響力を及ぼすものであるかは、かなり明確にご理解頂けたものと思う。

「話し方」に良い影響を与えてくれるものなら放っておいてもよさそうだけれど、トラウマにまでなってしまったネガティブな潜在意識は、やはりそのまま放置するわけにはいかないのである。人が人を評価、判断する際の、最もベーシックな材料は「話し方」にこそある。ここぞというときばかりでなく、日常的なシーンでもその真価が問われるのだから、ことは重大なのだ。

さて、ふつうに人と話すことなら平気だけれど、スピーチは苦手だという人について、その対処法に関してはすでに簡単にふれてきた。ここでは、スピーチどころかふつうの人と話すのも苦手であり、あまり上手に喋ることができないという、いわゆる訥弁の人の潜在意識コントロールの方法についても対策を講じておきたい。

いうまでもないことだが、訥弁の人の潜在意識には、自分が話すことへの恐怖心が巣食っているのがふつうである。過去に言葉に詰まって、他人から笑われたなどという経験がそのベースになっているのだから当然だろう。

納弁の人は、流暢に喋れないというコンプレックスゆえに、人に対して話しかけることが少なく、寡黙なイメージの人としてとらえられがちである。

しかし、この種の人は、誤解されることもあるものの性格的に非常に真面目で、人間的にも極めて信頼できるタイプが多いのも事実である。こんな喋り方では笑われるのではないか、今の自分の話し方は変に思われたのでは、言いたいことがうまく言えなくて誤解されたに違いない、舌足らずでうまく喋れない自分は、何て駄目なんだろう……。

こんなふうに自分自身を責めるようなネガティブ思考を常にとり続けてしまいがちなのである。自分が他人にどう思われるかが気になって仕方がない。けれども自己顕示型のお喋り人間と違って、他人の視線にさらされることが本当に恐い、という意味での自意識過剰型の生真面目人間なのである。

こんな人に心がけて頂きたいのは、まず人と話をしているとき、自分の話し方ばかりに気をとられないようにすべきことである。最もそんなことができないからこそ、訥弁になってしまうのであり、うまく喋れていない自分を意識すればするほど、潜在意識はますます緊張し、絶句してしまうのだという反論もあるだろう。

しかし、まず何はともあれ意識の上でいいから、次のような肯定的な自分自身への認識や、日常的な習慣をもつよう専心することが大切だ。

①訥弁は悪いことではない。むしろゆっくり喋ることで信頼感が増す効果があるのは自分にも相手にもプラスであると思うこと。

②自分の話し方にああだこうだと興味や関心をもってもはじまらない。相手のこと、相手の話すことにこそ興味と関心を示し、相手の言葉に大きく頻繁にうなずくことで、共感の情を示すようにすること。

③言葉に詰まったら、相手の言葉の一部を借りて、同じことを繰り返してやったり、しっかり受けとめていることを示すべく「あなたは～のようだと思うわけですね」などとオウム返しの確認口調で応じる習慣を身につけよう。

④相対する人の目を見るのがつらかったら、相手の人物の口元や喉元、ネクタイの結び目あたりをしっかり観察し、どんな動きをするのか、どんな特徴があるのかを見ていよう。

以上の四つを、開き直りの気持ちで、まず意識的に実行して頂きたい。

次いで、簡単に行なうことのできる潜在意識のトラウマの飛ばし方、つまり、すりかえに効果的な自己催眠法をご紹介しよう。まず相手と話をしているときに、相手に失礼と思われない範囲内で次のような動作を行なってほしい。

①文節ごとに語尾をのばし、独特の話し方のリズムをかもし出すと同時に、腕や手をジェスチャーのように大きく動かす。これによって潜在意識は、緊張状態を実感しなくなるから、恐れや不安といった自意識の作用もかなり軽減される筈である。

②次いでこれに加えて、相手の話を聞いているときに、頭の中で相手の手をとり、握り合っているようなイメージを描くようにする。今この人と手と手をつないでいるという鮮明な映像を心に抱くのだ。この二つだけである。

ちなみに、文節ごとに語尾をのばしたときには、対等な相手ならさらに「〜でね」「〜でさ」などの語を添えてやると、ぐっとくだけた印象になるし、目上の人なら「〜なんですね」「〜でして」などを付け加えるとよい。要するにＮＨＫのアナウンサーが美しく正しい日本語で喋るべく努力をしているのとは反対に、文法的におかしかろうが、こういう語尾を付けることで意識そのものもリラックスさせるというわけである。

たったこれだけのことかと思われるかもしれないが、実践においてはこれだけのことでも慣れて使いこなせるレベルにまで到達するのには少々の時間を要する。

むしろ、言葉がうまく出てこないという恐怖感に支配されているだけに、大ぶりなジェスチャーを行なうなんてとんでもないというのが実感だろう。

しかし心配する必要はない。慣れないうちは、小ぶりでよいから、手や腕をどんなふうに動かすかをあらかじめ考え決めておこう。このことが潜在意識に巣食う恐怖心を飛ばすのにかなりの威力を発揮するから、鏡の前に立って、とにかく手を動かしながら話す自分を見て練習してみよう。必ずうまくいくことがわかる筈である。

POINT

訥弁の人は、少しでも手や腕を動かすことを試みよう！

うまく喋れないという自分の話し方に気をとられるのではなく、意識的に相手の話によく耳を傾けるようにして少しでも手や腕を動かすことを心がけよう。そして、相手と手と手をとり合っているイメージを描くべし！

訥弁の人のトラウマの飛ばし方

㋑自分を肯定し、自分なりの話し方の習慣を身につけよう！

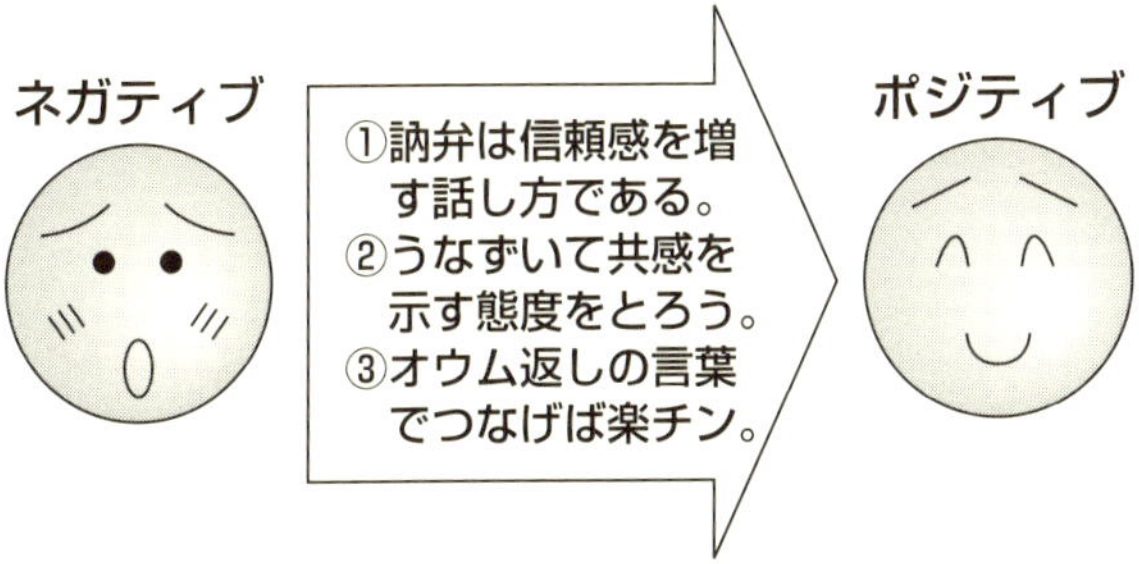
ネガティブ
①訥弁は信頼感を増す話し方である。
②うなずいて共感を示す態度をとろう。
③オウム返しの言葉でつなげば楽チン。
ポジティブ

㋺話すときには、ジェスチャーを入れ、語尾をのばす（～でね、～でさ、～ですね、を添える）！

ええと～でしてねー
スキンシップ！
イメージを描く
何ってったらいいかなー
まー、～ですよねー

＊訥弁の人は、自分の話し方に注意がいきすぎ（言い方が変じゃないかな、笑われないかな……）、相手に注意がいかない。意識的に手や腕を動かす動作が、恐怖の潜在意識を飛ばし、リラックス気分に入れ替えるのに効果的である（このとき、相手と手と手を握り合っている視覚的イメージも思い描くとよい）。

早口で一方的に喋るタイプの自己催眠コントロール法！

早口でまくし立てるように話す人、相手の言葉が終わらないうちに、つい自分の言葉をかぶせてしまって話し出す人がいる。

こういう人は、自分の話の内容にこそ価値があり、また自分を他人よりはるかに頭のいい人間だと誤解しているケースが多いものだ。

いうまでもなく、こんな人の潜在意識には自己顕示願望が渦巻いている。

幼少の頃から、強引に話をすすめると相手が引っ込むというパターンに慣れきってしまっていたり、相手を説得するにはとにかく沢山話すこと、熱意と情熱を込めてまくし立てれば、たいていの人はほだされると信じているのである。

こんな人には、言葉を選んでゆっくり喋ろうとする訥弁の人の気持ちなどは到底わからない。いや、何でコイツはこんなにモタモタと間抜けな喋り方をするんだろう、などと内心では軽蔑することこそ多いだろう。

何しろ、この手のタイプは、相手の話を聞くというより、話の中のいくつかのキーワードを耳にしただけで、あるいは相手の表情や仕草を見ただけで、もう相手の話す内容はすべてわかってしまったという具合に、早合点、早飲み込みの天才でもあるからだ。

たしかに相手の言わんとする話のある程度は、これまでこの人が培ってきた独特の反射神経と鋭い洞察力をもってすれば、たちどころに判断できてしまうことも多いのだろう。

しかし、まだ大事な点を話し終わっていなかったり、微妙なニュアンスまで親切に伝えようと思っていた相手にしてみれば、言葉を遮《さえぎ》られ、不快感は募るばかりなのである。

こちらの立場が上であるなら「黙れ。人の話が終わるまで黙って聞いてろ」と一喝すればすむところだが、まくし立てるほうの人間が立場が上ではそうもいかない。

しかも、こんなタイプの人は、自分が一番優秀、自分が一番可愛いと思っている自己愛の強い人でもあるから、こちらの立場が下なら「ははあ、お説ごもっとも」とばかりにうなずいて拝聴する以外にないのである。そう、できれば離れていたい人――となるのだ。

かくして、こういう人は、さまざまな情報に通じているように見えても、意外なことに肝心要《かなめ》の核心が抜けていたなどということも起こりうる。何しろ、こんな人は会話の途中であっても勝手に決めつけて「要するに〜ってことなんだろ」などと一刀両断にまとめてしまう。それだから相手をする側も「ま、それでいいか」とばかり、そこそこの話で妥協することになる。よって、中途半端な情報なのに、本人だけが一人合点しているということにもなりかねないのである。

こんな人がホスト役のインタビューは最悪である。

ゲストの話を片っ端から引きとって、自分のほうで相手側の気持ちを代弁してしまったり、そのときはこんなふうに思ったんでしょうなどと感想までも押しつけたりしてしまうのだから。

実際TVの対談番組や、雑誌のインタビュー記事などにも、そんな場面が垣間見られるほど口八丁手八丁のやり手タイプには多い癖なのである。

いずれにしろ、コミュニケーションを成立させるのに必要なのは、軽妙なる会話のピンポンであるべきなのに、一方だけが弾み、一方だけが沈んでしまうというのは頂けない。

こんなタイプと接した人の潜在意識には「嫌な奴」「強引な奴」「独断的な奴」とすり込まれるばかりである。

とまれ、これほどひどくなくても、得意な話題になると、ついついそんな傾向もなきにしもあらずだという人は、意外に多いから用心して頂きたい。

では、こんなタイプの人、喋りたくて喋りたくて、逸《はや》る気持ちを抑えきれないという人の潜在意識のコントロール法をお教えしよう。

催眠状態に導いた人に「あなたは労働組合の委員長です。会社の会議室において、今あなたは全従業員を代表する立場で、会社側に対して賃上げ交渉を行なっています。そして議論を続けてきた結果、もう少しで要求が認められそうになっています。あなたはここで立ち上がり、経営幹部たちに対し、とどめの一撃を浴びせるべく、とうとう一方的に熱弁をふるっています。言いたいことがどんどん言葉になって出てきています。だんだん興奮してきました」などと伝えてみる。

するとどうなるか。被験者の身体反応で最も著しいのが、両手の親指の反り返りなのである。

自分の言葉をここぞとばかり相手にぶつけるとき、人は知らず知らずのうちに軽く拳を握り、親指を立てるようにしてしまうのだ。あるいは、人によっては親指の代わりに人差指を突き出す人もいる（こういう人は、もともと饒舌《じようぜつ》なタイプに多い）。

おわかりだろうか。潜在意識の中でも、自我が最も強く表れる形である自己顕示欲が解放されるとき、人は両手の親指に力が入り、反り返るという動作をとっているのである。

したがって、他人と話すときに、早口になってしまう人、ついつい一方的にまくし立てる癖のある人は、潜在意識の自己顕示に直結する、この動作を封印してやれば効果テキメンということになる。

具体的には、人と話すとき、両手の親指を曲げた上から、人差指で押さえる形がベストだろう。相手の話に耳を傾けるとき、あるいは途中で話したくて話したくてウズウズしてきたなら、親指と人差指をググッと力を込めて巻いてやろう。

こうすることで、今が自己顕示すべきでない場面であることを、潜在意識に自然に伝えてやることが可能なのである。

POINT 早口でまくし立てる人の癖は簡単に直せる！

潜在意識の中の「自己顕示」や「自己主張」「自我」に通ずる、両手の親指や人差指の動きを封印してやることが、最も簡単な潜在意識のコントロール法である。

早口で喋る癖・一方的な話し方の習慣・自己顕示欲旺盛などに効果的なコントロール法とは？

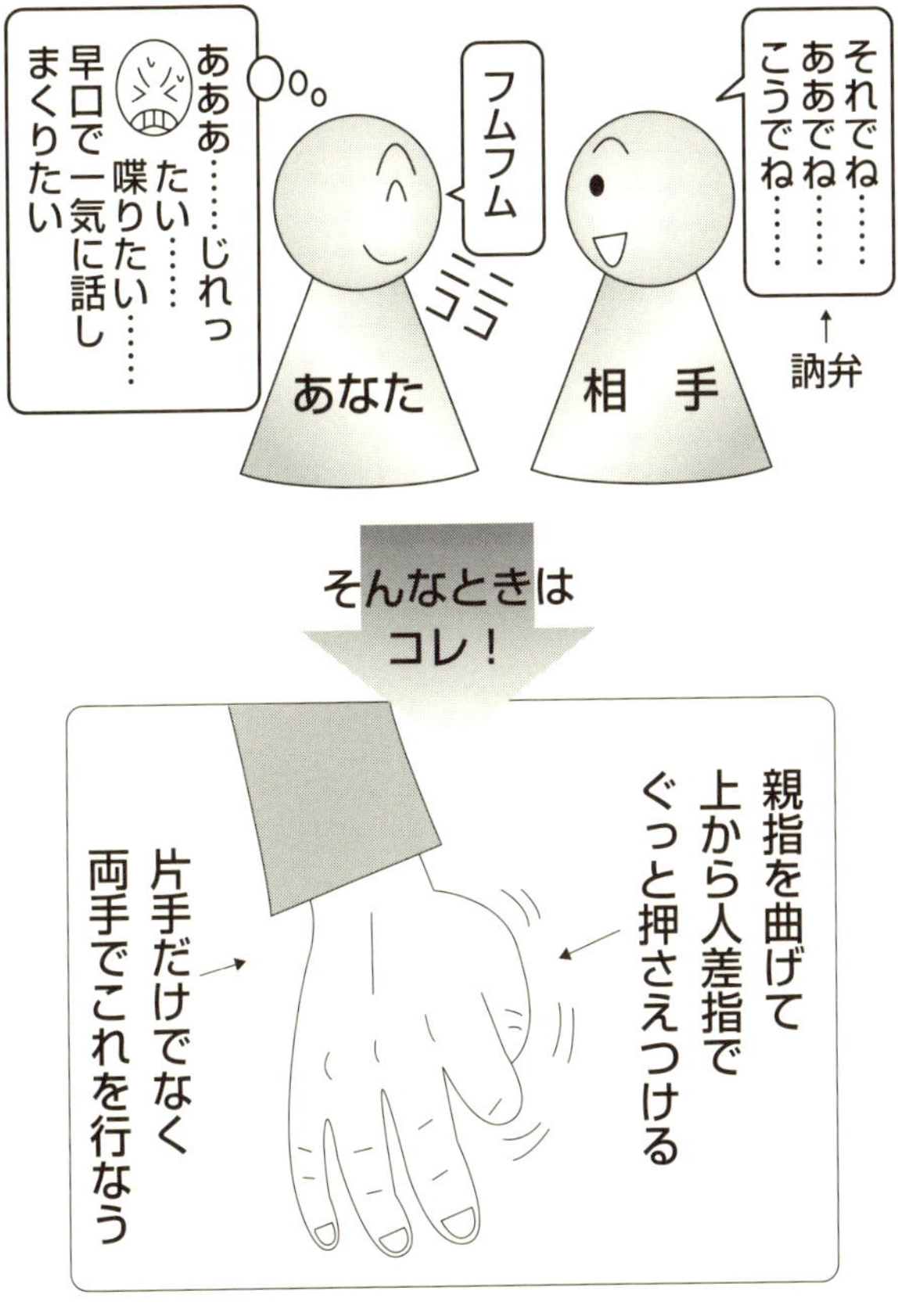
それでね……
ああでね……
こうでね……
訥弁
相　手
フムフム
ああああ……じれったい……
喋りたい……
早口で一気に話しまくりたい
あなた
そんなときはコレ！
親指を曲げて
上から人差指で
ぐっと押さえつける
片手だけでなく
両手でこれを行なう

＊ここを押さえると自己顕示欲、自己主張や自我が抑制される。

相手の潜在意識にアピールする話し方とは!?

さて、これまでは、あなたの潜在意識のネガティブなメッセージを、いかにあなたの話し方に影響させないようにするか、ということを中心に述べてきた。

この章のまとめとしては、こうしたあなたの努力が、相手に対してどう受けとめられるかということについても考えておこう。

心理学では、初対面だけで相手に抱くイメージの70%が決まってしまうといわれているが、米国の心理学者アルバート・メラビアンという人は、さらに詳しく人間対人間の情報伝達時の印象度分布を研究して、〝メラビアンの法則〟というものを打ち立てている。

これによれば、影響力の度合いは、顔の表情や服装といった「見た目」の要素が55%、声の質や大きさ、トーンといった「耳に響く」要素が38%、そして最も重要度が高いと世間一般が信じている「話の内容」という要素は、たったの7%しかないと喝破しているのである。

このように明瞭に指摘されてみると、なるほど納得というような、日常的なシーンをあなたも思い起こすことができるのではなかろうか。

たとえば、あなたが男性なら、若くてチャーミングな女性があなたの部下として新しく配属されてきたと仮定してみよう。

あなたが女性なら、イケメンで優しい男性があなたの上司として配属されたと仮定してみてほしい。

いずれの場合でも、あなたの胸はキューンとときめき、部下や上司に対して、いつものあなたならバツをつけるべきところがあったとしても、あなたの採点基準は大幅に緩んでくるのは間違いない筈だ。

これすなわち、潜在意識の中の〝官能の記憶〟と呼ばれるもののはたらきに他ならないのである。

五感のすべては、〝快〟につながるものにことさら弱く、美しいもの、香ばしいもの、甘いもの、心地よいメロディーなどに魅せられるのは、まさしく本能の為せる業という他ないものだ。

「話の内容」という要素が、意識（理性）を主に刺激するのに対して直接五感には関わりがないだけに、潜在意識への影響力が低くなるのも道理だと納得頂けよう。

多くの人は、人と話をするとき、どんな話題を選んだらよいのか、どんなふうに話を組み立てたらよいのか、といった点にばかり気をとられがちである。

しかし、ここで明らかになっているように、そういう視点であれこれ悩んでいてもはじまらないということなのである。

話し方上手になって、より良いコミュニケーションがとれるようになるためには、むしろこれまでの考え方を180度改めて、「視覚的要素」と「聴覚的要素」の部分をこそ、磨くことが大切な肝になるというわけである。

考えてみてほしい。

ポケットに両手を突っ込んだまま、あなたに近づきボソボソと話しかけてきた人に、あなたは好感をもつだろうか。

寝グセをつけたままのボサボサ髪で遅刻してきた人が、ろくに挨拶もないまま、大慌てで資料をひろげ、あなたの前でプレゼンをはじめたとして聞く気になるだろうか。

一番最初に飛び込む印象は、相手の容姿や身なり、表情や態度、動作。次いで相手の発する声であり、言葉なのである。けっして話す内容がメインではないのだ。

インテリを気取った話し方や、早口で一方的にまくし立てる癖、ボソボソとぶっきら棒にこちらの反応を無視して、何かを伝えようという人は、もはやこちらの聞く意欲すら喪失させているのである。

あなたの潜在意識が発する悪いメッセージ（トラウマ）は、すべてが相手の視覚や聴覚を通じて、相手の潜在意識そのものへと飛び込んでしまうのである。

冒頭でも述べたように、小手先での会話テクニックだけでは、こうした第一関門をクリアするのは難しいということがおわかり頂けたであろうか。

良好なコミュニケーションを築くためには、まず第一印象で、相手に話を聞いてもらえるような状況をこそ作らねばならないのである。

心理学では、人と人とのこうした、自然に受け入れてもらえるような信頼関係を〝ラポール〟と呼んでいる。

たとえば、風邪気味でどうにもだるく、体調に不安を覚えたあなたが、通りすがりの医院の看板を見て、注射の一本でも打ってもらおうかと入って行ったとしよう。

診察室に入って、目の前に現れた白衣の男性を見てあなたは「はたしてこの人は本当の医師なのかどうか」などと疑うだろうか。

この場合には、すでに医院の看板、診察室、白衣をまとっているという視覚で認識した事実だけを頼りに、もはやすっかり目の前に現れた人物を、医師と看做《みな》しているのである。
相手は、あなたの訴える症状に丁寧に耳を傾け、あなたの喉を覗き、胸に聴診器を当てて「ご心配なら念のため、注射を一本打っときましょう」などと言ったりする。あなたは何の疑いもなく腕をまくっている筈だ。
まったく見ず知らずの相手であっても、このように相手を全面的に知らず知らずの無意識のまま受け入れてしまうのは、あなたの潜在意識が、視覚的、聴覚的要素によって、ことのほか大きく影響を与えられた結果だからなのである。

POINT

「話の内容」より「視覚的」「聴覚的」要素が重要！

相手を自然に受け入れてしまう信頼関係を、心理学では〝ラポール〟と呼んでいる。これには「見た目」と「耳に響く」要素の二つが大きな影響力をもつ。

“メラビアンの法則”とは？

米国の心理学者アルバート・メラビアンが人間と人間の情報伝達時の印象度分布をグラフ化したものである。

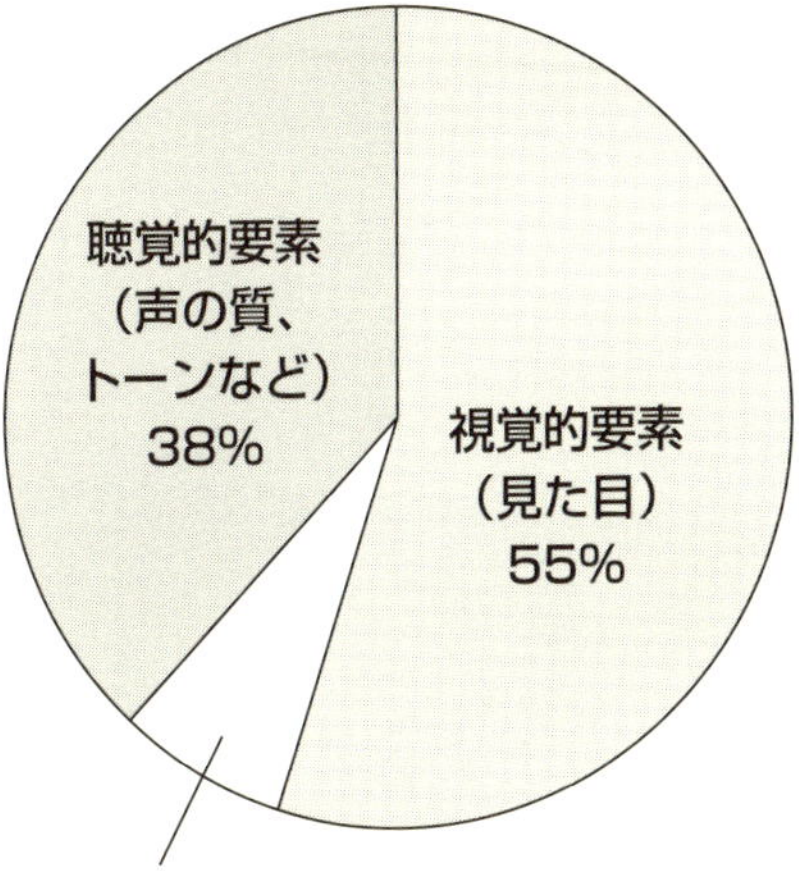
聴覚的要素
（声の質、
トーンなど）
38%
視覚的要素
（見た目）
55%
知覚的要素（話の内容）7%

な、なんだコイツは……
どーもどーも遅れちゃいやしてだはははっ！
ドドド
←寝グセ
相手
資料
←ヨレヨレの身なり
あなた

＊潜在意識は瞬時に受け入れるべき相手かどうかを判断する。

第3章 こんな話し方では軽蔑される

~相手から馬鹿にされない話し方

アプローチが苦手な人・話が続かない人は「自己開示」を試みよう！

あなたが話しかけにくい、話しづらいと感じる人とはどんなタイプだろうか。

いつも無口で反応の少ない人、一人で喋りまくる人、陰気な人、早口で喋る人、役職が自分よりはるかに上の人、見知らぬ人、恐い顔の人、機嫌の悪そうな人……ｅｔｃ。

いろいろ思い浮かぶだろう。これらの人たちに共通するのは、あなたへのスタンスだ。いずれも、あなた自身をキチンと理解し、あなたの人間性を認めてくれているとはいい難い態度。そんな印象をあなたがもってしまっている人たちであることは確かだろう。

では、どんなタイプの人が話しやすいのか。

家族、親戚、幼なじみの友人、昔からの知人……いやいや、よく考えてみると、こういう人たちでさえ誰もが無条件に話しやすい人とは限らないだろう。中には、やはりあなたに対して否定的な反応を示す人もいる筈だからである。

もうお気づきかと思うが、人間関係で容易にコミュニケーションがとれる相手というのはおたがいの気心が知れ、親しみの情をもてているかどうかにかかっているのだ。こちらが相手のことをよく知っているだけでは駄目であり、相手もこちらのことをよく知っているという関係こそが、安心感を育み、気安いコミュニケーションが図れる理由なのである。すなわち、すでに述べたことだが、相手を自然に受け入れることができる〝ラポール〟の状態を作っていくことが、おたがいに大事なことなのである。

また、たとえはじめて出会った人の場合でも、相手が医者であるとか、高名な占い師であると、たちまちあなたは信頼して、普段他人に話せない事柄でも相談してしまうといった事例も、まさしく〝ラポール〟が形成されたことを意味している。

では、パーティーなどで、あなたがはじめて出会った人に対して、こちらの肩書や立場があらかじめ明示されていなくとも、瞬時にして〝ラポール〟を形成させることは可能だろうか。もちろん、できるのだ。心理学では、はじめて出会ったときに相手に抱く〝第一印象〟が最も重要であることを教えている。これを〝初頭効果〟と呼ぶのだが、この〝第一印象〟を瞬時によくする方法を知っておくと、〝ラポール〟形成は、非常にやりやすくなる。

ちなみに〝第一印象〟というのは、次の三つの要素から成り立っている。

①外見的要素……見た瞬間に飛び込んでくる相手の顔立ちや髪型、体型や服装といった容

姿全般。

②性格的要素……その人物の仕草や態度、発する言葉の内容や、その表現の仕方といったパーソナリティーを構成する要素。

③社会的要素……その人物の属性的データの数々。職業や地位、出身や経歴といった背景、技能などの側面、社会的な噂や評価といった要素。

これらの要素の中でも、とりわけ重要なのが、①であるのは前項でふれた〝メラビアンの法則〟でも明らかな通り。髪型や服装面などの身だしなみを整えておくのは、最低限必要な条件であることはいうまでもない。

さて、この第一印象を構成する要素を上手に演出することが、〝ラポール〟形成の早道なのだが、僅かな時間にこれを行なうためには何より、自分で自分のことを上手に説明する〝自己開示〟の手法をとることが一番適っている。

次の会話例を見てほしい。これはある男性の結婚詐欺師が、パーティー会場で、ターゲットの女性を物色するというアプローチ場面をシミュレーションしてみたものだ。

結婚詐欺師「あのう、こういうパーティーに参加するのってぼく、はじめてなんですが女性客「……ずいぶん盛況なんですねえ、いつもこんなに賑わっているんですか？」

結婚詐欺師「え、あの、わたしも今日はじめての参加なので、よくわからないんですけど……」

女性客「ああ、そうでしたか。そうですよね。はじめての方も大勢いらっしゃるわけですものね。何だかそれを聞いて安心しましたよ。まだ日本に戻って間もないものですから、こんなに日本人ばかりだとかえって落ち着かなくなっちゃって……」

結婚詐欺師「あら、外国にいらした方なんですか？」

女性客「ええ、そうなんです。アメリカとヨーロッパを結ぶ航路専門なもので、日本にはなかなか戻れなくて……」

結婚詐欺師「へー、そうなんですか。それってもしかして、パイロットとかのお仕事ですか？」

女性客「ええまあ、○×△航空という会社なんですけど、ご存知ないですよねえ」

結婚詐欺師「いえいえ、よく存じ上げてますよ。乗ったことはないんですが、わりによく耳にしますもの」

といった展開になるだろうか。女性がにわかに男性への興味と関心を示しはじめていることがおわかり頂けただろうか。

この場合、男の職業がパイロットだの、弁護士、実業家、大学教授などと、女性が憧れを抱きそうなものばかりに限定されるのは、赤サギの常套手段なのでご愛敬としてお許し頂きたいが、それもまた嫌味にならない程度の言い回しで自分をうまく説明している。

あなたが普通のサラリーマンの場合なら「今日はずっとつまらない会議が続いていたんで、こういう場所に来るとホッとしますよ」「パソコン画面と一日中向かい合っていたんで、今夜はどなたか知らない人と無性に話をしたい気分なんですよ」などと、やんわりと自分の立場や仕事の自己開示を行なっていくと、相手の反応も誘導しやすくなるのである。

POINT 話を続けるためにはまず〝自己開示〟すべし！

誰かに話しかける場合、まず自分から〝自己開示〟をしていこう。そうすれば、相手も安心し、質問で返してきてくれる可能性が高まる筈である。

話を続けるためには“自己開示”が欠かせない

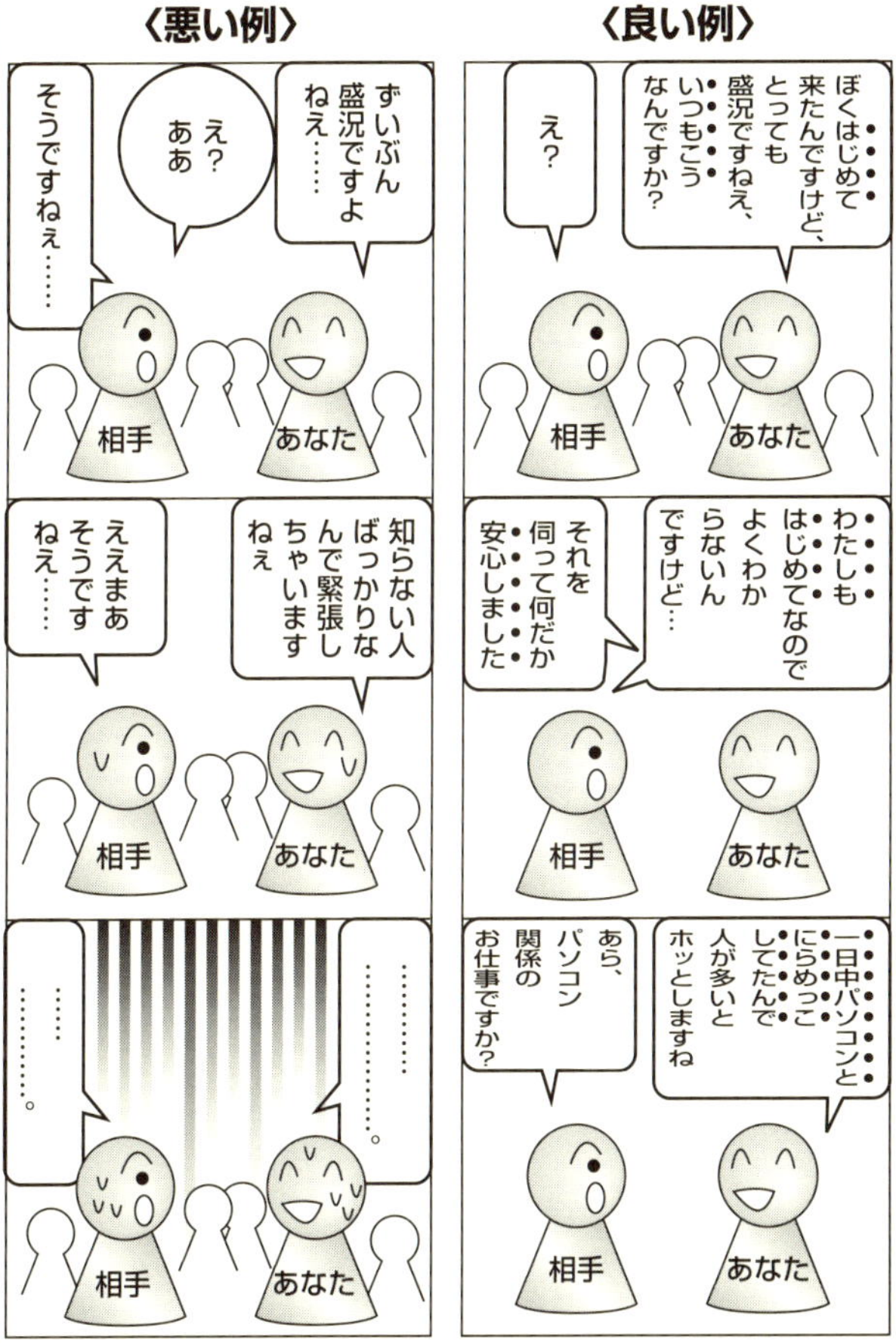
〈悪い例〉
ずいぶん盛況ですよねえ……
え？ああ
そうですねぇ……
あなた
相手
知らない人ばっかりなんで緊張しちゃいますねぇ
ええまあそうですねえ……
あなた
相手
…………………。
………………。
あなた
相手
〈良い例〉
ぼくはじめて来たんですけど、とっても盛況ですねえ、いつもこうなんですか？
え？
あなた
相手
わたしもはじめてなのでよくわからないんですけど…
それを伺って何だか安心しました
あなた
相手
一日中パソコンとにらめっこしてたんで人が多いとホッとしますね
あら、パソコン関係のお仕事ですか？
あなた
相手

＊単に相槌を求めるだけの話しかけ方では、よほど相手がお喋りの人でない限り、会話は途切れてしまう。相手が質問しやすくなるように、“自己開示”していくことが大切だ。

話を続けるコツは、相手の潜在意識の〝快〟の要素を探るべし！

前項では、見知らぬ相手に話しかける際のポイントを解説した。

それには、少しずつでも自分のことを説明する〝自己開示〟を行なっていくことが、有効である旨述べてきた。ここでは、さらに話を継続させる上で、相手の潜在意識にひそむ〝快〟の要素を見極める方法をお教えする。相手の〝快〟の要素を知り、そこに焦点を絞ることで、相手との会話が弾み、〝ラポール〟が形成されやすくなるからである。次の会話は、あなたが得意先に新製品を売り込みに行った際の会話をシミュレーションしてみたものだが、会話の途中に問題点があるので、それはどの点なのかをまず考えて頂きたい。

あなた「このようにボタンひとつで、各種の切り替え操作が簡単にできるようになりましたので、これまでの製品のように、慣れるまでマニュアルをいちいち確認しなければならないといった面倒が一切解消されたわけなんです」

得意先「へー大したもんだねえ、今まではマニュアルを見ても、わかりにくくてうっかり間違えた操作をしちゃったもんだよ。するとねー、また全部最初からやり直しなんてことになってね、いやホント、大変だったよ」

あなた「まことにお手数をおかけしまして恐縮です」

得意先「でもさあ、今じゃ、みんな慣れちゃったからねえ、別に不自由もなく使ってるよ」

あなた「そうですか、みなさんそうおっしゃって頂けるのは、ある意味本当に有難い限りです。ところで、この新製品はスピードも従来製品に比べ5割もアップしております。つまり時間短縮は残業代圧縮にもつながりますし……」

得意先「まあ、うちではそういうわけだから今のところ間に合ってるよ」

どこに問題点があるのかおわかり頂けただろうか。

こんなパターンでいくと、どこの得意先に行っても同じようなやりとりになる筈である。

それは、得意先の台詞に対して、何らの顧慮もなく、新製品の特徴や従来品との違いばかりをせっせと説明しようとするあなたの姿勢に問題ありということなのである。

では、本来あるべき会話とはどう展開させるべきなのだろうか。

あなた「このようにボタンひとつで、各種の切り替え操作ができるようになりましたので、これまでの製品のように、慣れるまでマニュアルをいちいち確認しなければならないといった面倒が一切解消されたわけなんです」

得意先「へー大したもんだねぇ、今まではマニュアルを見ても、わかりにくくてうっかり間違った操作をしちゃったもんだよ。するとねー、また全部最初からやり直しなんてことになってね、いやホント、大変だったよ」

あなた「そうだったんですかー、まことに申し訳ございません。そんなお手数をおかけしていたのですか……。そういうやり直しで随分ご迷惑をおかけしてたんですねぇ……、本当に何とお詫び申し上げてよいか……」

得意先「まあ、最初はみんな頭に来てたよね。第一にマニュアルそのものが複雑だし、わかりにくいってね、他ではそういう事例はなかったの？」

あなた「そういうことでしたらおそらく他でも……。私自身は直接のお叱りを受けたことがなかったものですから……。いずれに致しましても、本当に申し訳ございませんでした」

得意先「それでね、そういうことが随分あって、ようやくみんなも操作に慣れたんだけど、それでもどうしてもミスが出ちゃうんでね。結局うちでは専任者を決めたんだよ。
それからはもうミスは出なくなったね」
あなた「そうですかあ……、いろいろと本当にご迷惑をおかけして申し訳ございません。
あのう、では専任の方は、会社全体の量をこなされるわけですよね、一日当たりで
すと、どのくらいになるんでしょうか？」
得意先「まあ、一日5～6時間は稼働させてるよね、たった一人で……」
あなた「その方がお休みになられたときなどは……？」
得意先「そりゃあ、かなり困るよねぇ。それとねぇ、その人間がもうじき定年なんだよね、
そのあとどうしようかって話も出てるんだよ最近は……」
得意先の担当者は、旧製品を取り扱うに際して、過去にいろいろと苦労した経験談を、
せっかくのこの機会に語りたかったのである。誰しも苦労してそれを克服したという成功
体験は、一種自慢したい気持ちさえもつものではなかろうか。
はじめに見て頂いた会話例では、旧製品の取り扱い上の不便さについて、軽く恐縮した
だけであなたのほうは受け流してしまったのである。
これでは、せっかくの内情に迫ることさえできずじまいで、会話も終わってしまうわけ

である。

人は、過去の苦労話や、自分の得意分野など、自分が克服してきた足取りを辿ることは、潜在意識にとってこの上なく〝快〟なのである。

こちらの都合の悪い話だからといって、急いで通りすぎようなどと焦るばかりだと、後の会話例のような貴重な情報にさえ、ありつけなくなるのである。

POINT 相手の潜在意識の〝快〟の要素を探るべし！

会話を平板に終わらせず、生産的なものにしていくためには、相手の潜在意識における〝快〟の要素を見極めて、話題にするべきである。苦労話や得意分野について語るのは、誰にとっても心地良い。

潜在意識が“快”を感じる話題は!?

良い例
ははー
申し訳ござい
ませんでした
それで……?
それでさー
もー大変だったん
だよー
ああして、こうして
いろいろ苦労
したよなー
達成感、克服感が甦ってくる!
得意先
あなた

＊ひたすら恐縮し、苦労話や克服体験を聞いてあげると意外な内情がつかめたり、課題の掘り起こしにも有効である。

悪い例
それは恐縮です。
でも、今度の
新製品
なら、そんな
ご不便を
おかけすることも
ございません
何だよ
聞いてくれ
ねーのかよ、さんざん
苦労したってのによ……
得意先
あなた

＊自分にとって不都合な話だからといって、軽い恐縮で通りすぎようとすると、相手との関係で“ラポール”は築けない。

〝バーナム効果〟で簡単に相手と〝ラポール〟を作る方法！

はじめて出会った人に対しては、誰もが緊張する。相手がどんな人物なのかわからないのだから当然である。

潜在意識を覆っている表面上の意識（理性）は、ひたすら警戒心を高め、相手が信用できる人物か否か、相手の表情や動作、言葉を吟味しつつ、必死に判断しようとする。つまり無防備な潜在意識を、表面の意識が守ってくれている形である。

だからこそ、あなたは相手に警戒されないために、自然に受け入れてくれる状態である〝ラポール〟の関係を作るべく、一生懸命にさり気ない形での〝自己開示〟を行なったり、相手の潜在意識の中にある〝快〟の部分を見極めてフォローする必要があるわけである。

ここではさらに、会話を継続する上での自己開示や、相手の心地良い部分へのフォローを行なうだけでなく〝バーナム効果〟というものを活用することで、相手の意識の鎧《よろい》を取り払い、なおかつ潜在意識の中に、あなたを良き理解者として受け入れてもらえる方法をお教えしたい。

次の会話を見て頂きたい。二人ともサラリーマンで初対面という設定である。

あなた「そうですか、いつもはこんな遅い時間でもまだ会社なんですか、それはハードですねえ」

相　手「終電で帰ってバタンキューの毎日でね、正直疲れてたまらんですよ」

あなた「でも、何か大きな希望というか、目標をおもちのような感じがしますよ」

相　手「はは、まあ、そういうものでもないと、やってらんないでしょう」

あなた「ええ、そうですよね。やはり、オーラが出てますよ。いかにも将来飛躍しそうな……。いいですねえ、大きな目標をおもちで、きっと成就するでしょうねえ、あなたなら」

相　手「えへ、ホントにそう見えますか？　いやあ、そう言われると何だか嬉しいなあ、実はね、一年後ぐらいに仲間と独立しようかって話があるんですよ」

とまあ、驚くなかれ、相手のほうが「実はね……」と〝自己開示〟までしてくれる展開になったのである。

これが、〝バーナム効果〟の応用例である。

人は現在の状況がパッとしなかったり（大部分の人がそういう不満を抱えている）、シンドイ状況にあるとき、自分なりに未来はせめてこうありたいという願望を胸に秘め、何とかそれに近づきたいものだと一縷《いちる》の望みに縋《すが》っているのが本音である。いみじくも相手の台詞にあるように「そういうものでもないと、やってらんないでしょう」というわけなのだ。

そこに希望のメッセージを、あたかもあなた自身が予言者か占い師にでもなったような口調で告げてやる。すると、あらまあ、スルスルと相手は相好を崩し、あなたを警戒していた意識の鎧はすぐにも取り払われ、あなたのことを自分の良き理解者とばかりに信頼しはじめる。ここに簡単に〝ラポール〟ができてしまうカラクリがあるわけだ。

一般にいつの時点でも、人を苦しめる原因は、ほぼ三つのカテゴリーに集約されるものだ。「お金の問題」「人間関係の問題」「健康上の問題」の三つである。

これらが絡まって、さまざまな悩みが形成されるのだが、こうした人々の潜在意識にズシンと横たわるストレスに対して「近い将来～のことで、いいことがきっと訪れる感じがしますよ。何だか強いオーラが出ているのがわかりますもの」などと些かオカルトじみていようとも、自信をもって告げてやると、人は元気がモリモリ湧いてくるのである。

これを使わない手はないだろう。

「あなたはもしかして占いか何かでもやっているんですか？」と聞かれたらズバリ「観相術（手相や顔相で占う）をやってます」などと大見栄を切ってもよいだろうし「いや占いじゃないんですが、昔から人のオーラを感じる体質で、感じた通りにみなさんなるんですよ」などと応じてもよいだろう。

いずれであっても、相手は自分の内面をよく見透してくれるあなたに対して好印象を焼きつける。話が弾んでいくのは間違いないのである。

この〝バーナム効果〟というのは、もともと占い師などが実際によく使っているテクニックであり（フォアラー効果ともいう）、米国の心理学者ポール・ミールが明らかにした心理効果なのである。

「あなたは人前では明るくふるまっていますが、内面には深い孤独を抱えていますね」

「外見からは真面目を絵に描いたような人だと思われているでしょうけれど、あなたの内面では時々怒りや不満が渦巻いて困ることもありますね」……ｅｔｃ。

こんなふうに誰にでも当てはまりそうなことを、その人だけに該当していることとして断言してやると、多くの人は自分のことを言い当てられたような心理に陥る習性をもっている。

「今日のきみは、いつもと違って、なんだか顔色が悪いけど、どうかしたの？」

などと、健康ハツラツのＯＬをつかまえて囁くと、トイレに行って鏡を何度も見て首を傾げ、気迷いしはじめるように、ネガティブ効果の暗示を与えて他人を不安に陥れるのも、バーナム効果の悪い使い道の一例である。

あくまでも、明るい希望的未来を告げることで、ラポールを作るのが目的であることをお忘れなく。

POINT

〝バーナム効果〟で意識の鎧が取り払われる！

人は常に何らかのストレスを抱えている。「お金の問題」「人間関係」「健康上の問題」のいずれかだ。ここに近未来の明るい展望を暗示すれば、みるみる警戒心を解き、自分の良き理解者として簡単に受け入れてくれる。

バーナム効果とは!?
株の値下りで200万円の損失ですかあ……
まったくねツイてないんですよ
オレ、何でこんな下らない話してんのかな……馬鹿みたい……
あなた
相手
でも、あなたはいきなり飛躍しそうなオーラが出てますよ
エー？そんなことないでしょ
何でそんな感じを抱くのかなちょっと聞いてみたいな……
あなた
相手
いや、断言しますよ。私にはわかるんです。あなたはそういう人ですよ！
きっぱり！
エヘヘッホント？
何か嬉しいなあ……コイツ確信もって言ってるもんなあ
あなた
相手

米国の心理学者ポール・ミールが、心理操作が巧みな興行師P・T・バーナムにちなんで命名した心理効果をいう。誰にでも当てはまりそうなことを、その人だけに該当するかのように伝えるとだんだんその気になる。占い師などが日常使っているテクニックである。

論理的に話せば話すほど〝感動〟は伝わらない！

「上司に報告するときは、冷静にまず結論から言いなさい」

「話を組み立てるときには、５Ｗ１Ｈ（誰が、いつ、どこで、何を、なぜ、どのように）でまとめるようにしなければいかんよ」

「起承転結がないねえ、きみの話には……」

こんな台詞は、ビジネスの現場にいれば、誰しも耳にした記憶があるだろう。

すなわち、あなたの話し方は、論理的ではないとたしなめられた経験だ。

たしかに、報告や連絡といった、短時間に要領よく物事を伝達しなければならないときには、できるだけ５Ｗ１Ｈのような、定型を念頭にして話を構成することは大切である。

しかし、会話やスピーチにおいては、必ずしもこうした約束事にこだわるべきとはいえないことも知っておきたい。

あまりにも定型にこだわった窮屈な話の組み立ては、けっして相手の共感を呼ばないからなのだ。

次の台詞例を見て頂きたい。

「部長、Ａ社が倒産です。うちの損害は６００万です。先週末の入金がないので先方に電話したところ不通になってました。慌てて駆け付けたら、事務所が閉鎖されていたんです」（結論先行の例）

「先方の部長からは昨日連絡があり、役員会で検討したいからＡ社製品と当社製品の耐久性の比較データを早急に用意してほしいと要求されました」（５Ｗ１Ｈの例）

「先週の日曜日の朝だけど、いつものように犬の散歩に出かけようと庭に出たら、うちの犬の姿が見えなくてね、女房や子供に聞いても心当たりがない。

何しろ、ひと月前に25万で買ったばかりのマルチーズの可愛い小犬だからね。どうやら盗まれたんじゃないかって思うんだよ」（起承転結の例）

どんな印象を抱かれただろうか。杓子定規の例文なので、なおさらの感は否めないけれど、人間の顔というか、体温や感情があまりこもらない表現になっているだろう。

ビジネスの現場であっても、論理的に話すことばかりに重点を置けば置くほど、話は平板にならざるをえないのである。

得意先の担当者と交渉する際にも、以下のような調子では共感を呼ばないのはもちろんだ。

「A社製品と比べて頂いた場合、たしかに価格面ではうちのほうが不利なのは承知しております。しかしながら、長期的な視点で見て頂くなら、耐久性やメンテナンスの簡便さにおいて、A社製品をはるかに凌駕《りょうが》するものがあると、私共は自負している次第です。いかがでしょうか。このへんでご決断を下されては……」

生真面目さは伝わるものの、面白味に欠けているだろう。

担当者の熱意や、人間的な温もり、信頼性とは縁遠く感じられる話し方と言わざるをえないのである。言葉に〝遊び〟や〝無駄〟がないとこうなるのだ。

商談では、売買成立こそが〝肝〟である。

商品がよくても、売り込みに来た担当者が、どこかで忌避されたなら、まとまる話だってまとまらなくなる。何でも理詰めで事が運ぶわけではないのである。

「今までの説明でわかってくれたと思うけど、ぼくはこれほどきみのことを愛しているんだよ。だから、きみはぼくと結婚すべきだし、それが最良の選択なんだ」

などと、クドクドと彼女に迫るより「おれと一緒に夢をつかんでみないか」のひと言のほうが効く場合があるのは、ご承知の通りなのである。

人間を人間たらしめているのは、論理的かつ理性的判断を司る〝意識〟のはたらきによるものだが、〝快〟や〝不快〟に通ずる好き嫌いの感情や欲望といった本能行動を支配するのは〝潜在意識（無意識）〟のはたらきによるものだ。

製品機能の優劣や価格の合理性などを判断するのは〝意識〟の部分であるけれども、担当者に対する好悪の感情を支配するのは〝潜在意識〟なのである。

カストマーサティスファクション（顧客満足）という言葉があるが、これは顧客の〝意識（理性）〟に訴えかけるサービスというより、顧客の〝潜在意識〟にはたらきかけて、感動して好きになってもらおうというサービスである。

デパートやスーパーの売り場で、欲しい品を求め、どのへんにあるのかを客が店員に尋ねると、客をわざわざ誘導して、陳列棚まで案内するのが今ではふつうだが、昔は「あちらの柱の裏あたりにございます」と位置方向を指し示すだけなのが当たり前だったのである。店員が客と一緒に歩くようになったのは、「客を大切にしている」「親切な店だ」と客が快感を〝潜在意識〟にすり込んでくれる効果を狙った顧客満足度向上理論がベースになってひろまったものなのである。

客というのは、楽しい気分で買い物をしていても、たった一人の店員の接客態度が悪かっただけでも、店全体の印象を悪くしてしまうものだというのが、心理学の教えるところだからである。

論理的な話は、人の理性（意識）には届くものの、〝潜在意識〟には届かないものである。人間的な、感情を交えた話し方こそ〝潜在意識〟を動かすものだと知っておこう。

POINT

論理的な話し方では〝潜在意識〟に届かない！

人間が好き嫌いの感情をもつのは、潜在意識の記憶によるはたらきである。論理的な話し方だけでは、相手の意識をはたらかせるのには有効だが、けっして感動を呼ぶところまではいかないものだ。

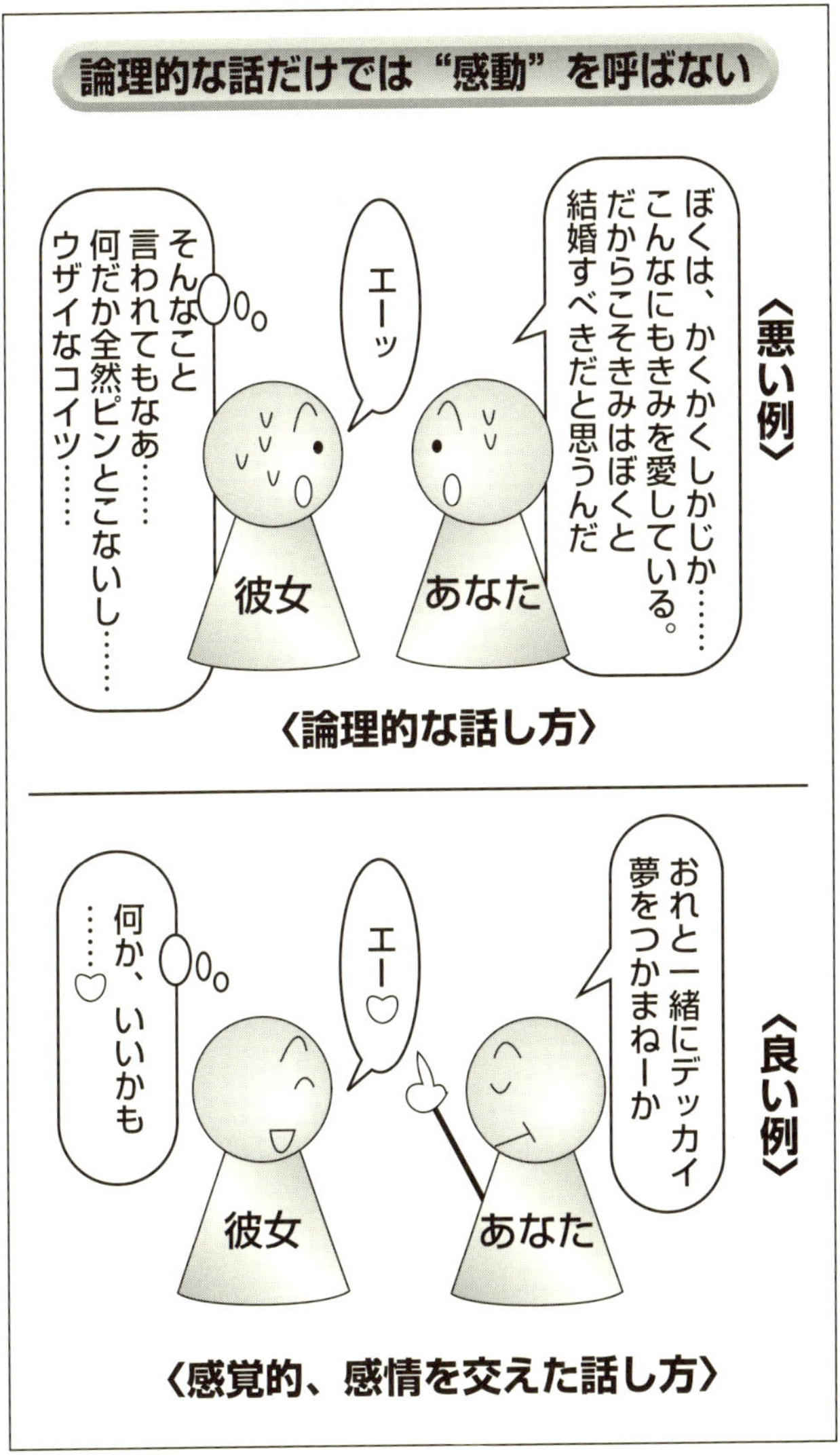
論理的な話だけでは“感動”を呼ばない
〈悪い例〉
ぼくは、かくかくしかじか……
こんなにもきみを愛している。
だからこそきみはぼくと
結婚すべきだと思うんだ
エーッ
そんなこと
言われてもなあ……
何だか全然ピンとこないし……
ウザイなコイツ……
あなた
彼女
〈論理的な話し方〉
〈良い例〉
おれと一緒にデッカイ
夢をつかまねーか
エー♡
何か、いいかも
……♡
あなた
彼女
〈感覚的、感情を交えた話し方〉

〝共感〟を示す言葉が潜在意識に心地良い！

「聞き上手は話上手なり」という言葉がある。

「あの人は話し上手だねー」と他人から称賛されるような人は、おしなべて他人の話にもよく耳を傾けている。だからこそ、的確な受け答えができ、相手を感心させることができるのだという教訓である。

訥弁とか、口下手といわれる人はまだしも、そこそこ会話は得意だ、などと思っている人に、聞き上手になれない人が多いものである。

いうまでもなく、こういう人の潜在意識は、相手の話などより、自分の話のほうが重要だし、面白いものと思い込んでおり、他人を自分より一段低く見下しているのである。

自分の話がまだ終わらないうちに途中で言葉を遮《さえぎ》られたり、話の展開を勝手に変えられたりすれば、その人の潜在意識は相手を〝不快な人物〟として記憶する。

周囲は次第に、そんな人との会話を忌避するようにもなるであろうし、その結果は情報不足というジレンマを招くことにもなるだろう。

事程左様に、他人の話に耳を傾けるのは大切なのだ。

途中で喋りだしたい衝動に駆られて我慢できないなどという人は、一刻も早くその性癖を直さなくてはならないのである。

第2章の４項で述べたように、潜在意識のコントロールの仕方として、両手の親指と人差指をまるめてしまうというのも有効だから、ぜひ一緒に試みるようにして頂きたい。

さて、この項では〝共感〟の示し方について解説する。相手に気持ちよく話してもらうためのテクニックである。

まずは、あなたの日常の言葉に次のような口癖がないかどうかをチェックして頂きたい。

「いやそれは……」「でもね」「だけど」「しかし」「だから」「そう言われても」「だって」「あのねえ」「大体さあ」「わかってるってば」「要するに～だろ？」「ちょっと待ってよ」「そうじゃなくて」「それはそうと」「ところでね」「全然違うよ」「わかってないなあ」「何言ってんだよ」……ｅｔｃ。

これらの台詞は、相手が話している最中に、自分が喋りたい衝動に駆られると、つい無意識に口にして、相手の言葉を中断させてしまうフレーズである。

こんな言葉を連発していないかどうか、今一度自分の話し方を振り返ってみるとよいだろう。知らず知らずとはいえ、かなりの頻度で使っている人が見受けられるからである。

こんなフレーズは、今日からゴミ箱に捨てて頂きたい。そして、次のような言葉が自然に出てくるように試みよう。


「ははあ……、～ですね」

「ふむふむ、～でしたか」

「なるほど～でしたか」

「たしかに～ですね」

「わかります」

これらの言葉は、すべて相手の言っていることに一定の〝共感〟を示しているのがおわかり頂けるだろう。

つまり、何はともあれ、相手の言葉を受けて返すときには、すべてをいったん〝肯定〟の相槌に変えてやるということなのである。

こうするだけで、相手は自分の発した言葉を、あなたが丁寧にいったん受けとめてくれたと認識する。潜在意識は反発のないことに安心するから、相手としては気分が悪かろう筈はないのである。

「ははあ・ふむふむ・なるほど・たしかに・わかります」という具合にひとかたまりに記憶して、いつでもこれらの言葉が自然に出てくるように口の中で何度も練習しておくとよいだろう。

肝心なポイントは、あなたがこのような相槌を打ったからといって、相手の意見や考えに同意したことにはならないことである。また、あなたに意見や考えがまったくなく、単なる追従を表しているのでもないことを知っておこう。

ここであなたが示しているのはあくまでも、相手の意見や考えに「なるほどそういう考え方もありますね」と一定の共感を示してやったにすぎないのである。

同　僚「ぼくは、そんなわけでこう考えるようになったんだよ」

あなた「なるほど……そういう見方もできるんだね」

同　僚「わかるだろう？　こう考えたら、コストの面でも効果的だと思うんだよ」

あなた「うん、わかるわかる」

同　僚「そこで、これを今度の会議にかけてみたいと思ってね」

あなた「ははあ、一気に勝負に出るわけかあ」
同　僚「そう、やってみないとわからないけどね」
あなた「たしかに、反対派も多いからなあ……」

どうだろう。「いや、そうは言うけどさ」「でもさあ～」「ちょっと待ってよ」などのフレーズで受けて返すよりも、相手の言葉が面白いほど弾んでくるのがわかるだろう。

POINT

〝共感〟を示す言葉が心を開かせる！

「いや……」「だけどね」「しかしそれは……」などのフレーズをつけて、相手の言葉を受けて返すと、会話は盛り上がらず中断してしまう。相手を心地良くさせる〝共感の言葉〟を活用すべし。

相手の反発を知らずに招いている言葉

★「いや……それは」★「でもね」
★「だけど……」★「しかし」★「だから」
★「そう言われても……」★「だって」
★「あのねえ……」★「大体さあ」
★「わかってるってば」★「要するに～だろ」
★「ちょっと待ってよ」★「そうじゃなくて」
★「それはそうと」★「ところでね」★「違うよ」
……etc

相槌に変える

相手の話に一定の“共感”を示す言葉

★「ははあ……ですね」★「ふむふむ……」
★「なるほど」★「たしかにねえ」
★「わかります」……etc

＊相手の意見や考えに「同意」しているのではなく、あくまで「なるほどそういう考えもありますね」と“共感”を示しているにすぎない。しかし相手の心を開く効果がある。

第4章

アッと言う間に相手の心をつかむ会話術

〜簡単に相手の懐に飛び込む話し方

「頭がいい」と思わせる話し方！

知ったかぶりで、もっともらしいことを言っていたところ、実は相手がその方面にとても詳しくて恥をかいた、などという経験は誰にでもあるだろう。

知ったかぶり、つまり生半可な知識で物事を断じるのは、まことにバツの悪い思いがつきまとうものだが、あえて知識が不確かであることを明言した上で、少し背伸びをして物事を論じることは悪くない姿勢である。

「税制とか体系的な知識には乏しいんですが、消費税が上がるのはやむをえないという、既定方針のような昨今の論調には、国民が反発を覚えるのも仕方がないと思うんですよ」

「海外の事情には詳しくありませんが、欧米では所得の低い若い女性が、高級ブランドのバッグや靴を競って買い漁るなどといった風潮はなく、日本の場合はかなり珍しい現象だと伺った記憶がありますが」

「歴史に詳しいわけではないので間違っているかもしれませんが、戦国時代の雄であった後藤又兵衛が主君である黒田長政を見限ったのは、長政の無能に愛想を尽かしたからであって、高給を与えていればいつまでも人材を引き留めておけるようなものでもないと思いますが」

このように、あらかじめ知識が不確かである旨前置きを述べておけば、少々ややこしい問題を論じるにつけても、かえってその人の教養なり、人格の高潔さといったものが感じられるのではなかろうか。

実際にはその分野に関して、かなりの知識を有していたとしても、このようなフレーズを加えるだけで謙虚な人柄にも映るであろうから、これは極めて「頭のいい」話し方だといえるだろう。

世の中には、あらかじめ予想される反論を封じるためであることが見え見えの形で「ぼくはこの分野に関しては15年以上のキャリアがあるから言わせてもらうけど……」などとはじめ、結びの言葉で「まあ、以上はあくまでも、ぼくの卑近《ひきん》な経験にすぎないことだと言えば言えるけど……」などと言い訳がましく、個人的見解にすりかえてしまうような姑息で首尾一貫しない人もいるにはいる。

こんな人は、みすぼらしくて、とても「頭がいい」ふうには見えないだろう。

「頭がいい」と人が思うときというのは、その人の知識が豊富であったり、論理展開が明解であったり、ユーモアがふんだんに盛り込まれている話を聞かされた場合であろう。

だからこそ、知識が豊富であるように装ったり、もっともらしく理屈を並べたり、ことさらウケ狙いのダジャレをまぶしたりといった偽装がはびこることにもなる。

しかし、結果としてメッキが剥がれてしまい「頭が悪い」と思われるのなら、下手な偽装はしないに限るのである。

米国では、議論をすることが子供の頃から奨励されているから、学校の授業の中でも「ディベート」の訓練が行なわれている。

ディベートというのは、何かのテーマを与えられ、それについて賛成派、反対派に分かれて、それぞれが意見を述べ合い、テーマに迫っていく討議形式のことをいう。

そのテーマについて、自分の本音が賛成の立場であっても、反対派のグループに属したならば、反対の論陣を張っていくことが求められる。まさにゲームのように議論を楽しむ土壌がこういう形で育まれるのである。だから議論が決着すれば尾も引かない。

かたや日本の場合はどうであろうか。

何しろ、波風立てない、協調主義、和の精神などといった伝統的風習などがゴチャ混ぜになって、なあなあの慣れ合い会議になりがちだ。

たまに活発な議論になったかと思えば、そこでの激論があとあとの人間関係にまでヒビを入れかねないのだから、議論のときには気をつけなければならない。

特定の人間をやり込めたりすると、私怨となって、何かのときに仕返しされるやもわからない。まことに不自由な村社会モードがそこにはある。

あたら知ったかぶりをしたことで、思わぬ嫉妬を買ったり、足を引っぱられることもあるのだから、議論のときには努めて冷静かつ謙虚さが感じられる話し方こそが求められるゆえんであろう。

ところで、欧米人がよくやる「頭がいい」と見せかける話し方がある。最近では日本でもやたらに見かけるようになったテクニックだが、何かの問題について尋ねられたときに、とっさに「その件については、三つの問題点があります」「三つのポイント」「三つの疑問点」などと何はともあれ最初に「三つの〜」とかます方法である。

もちろん、はじめから三つに分けてなどいないから、「ひとつは〜」などと話しているうちに、付随して浮かび上がってきた事柄を、「ふたつめは〜」などと称して挙げるのである。三つ目が思いつかない場合でも、「みっつめは、以上2点を融合した形を俯瞰《ふかん》的に検証する姿勢が肝心だということです」などと訳のわからないことをもっともらしく断言するというものだ。

これをやれば「頭がいい」と思われるなどと推奨する人もいるが、はたしてうまくいくだろうか。

子供の頃からディベート慣れして、テーマを多角的な視点で見つめる癖が身についている人ならともかく、こんなところで下手に背伸びをして「三つの問題点があります」などと大上段に指摘して、三つどころか、五つも六つも問題点が浮かび上がり、シドロモドロになったらハレホレヒレハレなのである。

POINT
知ったかぶりより謙虚なフレーズが効果的!

知ったかぶりをしていて、メッキが剥げると見苦しい。はじめから「詳しくないが」と前置きしておくと、背伸びした会話であっても好感を得る。

また、ディベート慣れしていない日本人が、欧米式の「三つの式」会話テクニックを使うのは、背伸びしすぎである。

知ったかぶりより、謙虚なフレーズがおトク！
為替についての知識は乏しいのですが、昨今の円安は、キャリートレードによるものだといわれており……
あなた
ヘーホントは詳しそうね
頭いいのね
謙虚なとこがいいね
エグイね
欧米式テクニックは墓穴を掘るかも？
それについては三つの問題点を指摘できます！
あなた
ズバリ！
おー頭脳明晰なのね！
だけど
えーと、三つじゃなくて……まだまだあるな……えーとえーと困ったな……
くそっ！
あなた
ただの馬鹿だったのね

雑談にも「頭のいい」話し方がある！

「何が言いたいのかさっぱりわからない」

「ダラダラとだらしない喋り方なので、聞いていてホトホト疲れる」

こんな陰口を叩かれるようになると、誰もその人の話すことをまともに取り合おうとしなくなる。

「Aさんが話しはじめた」＝「どうせ退屈なだけに決まってる」

条件反射である。

こんなふうになる理由の第一は、話し方にメリハリがないからである。

次の例は、相手が目下の人間だと見くびって、思いつくままに出来事を順に並べ立てて話しているにすぎない悪い見本である。

先輩「日曜日のきのう、子供を連れて○×遊園地に行ったんだけどさ、天気も良かったせいか、人出が多くてね。乗り物は順番待ちの列がすごくて、並んでるだけでだんだん疲れてきちゃうしさ。食べ物屋も混んでるから、弁当と水筒持参で行ったのは我ながら正解だと思ったんだけど、あそこは芝生とかないからさ、今度は食べる場所を探すのがひと苦労でね。結局、植え込みの囲いの柵に腰かける形で食べたんだけど、ハエが多くてね。ハエを追い払うのに忙しくて、何だか食べた気がしなかったよ。おまけにさ、帰りは早目に○×遊園地を出たつもりだったんだけど、幹線道路の渋滞がひどくてね、女房や子供たちはスヤスヤ寝てるからいいけど、こっちはトイレにも行きたくなるわで、まったく嫌になっちゃったよ。家族サービスってのは、結局父親が一番クタクタになるから、あんまり出かけたくなくなるんだろうなあ……、おたくはどう？　おたく子煩悩《こぼんのう》だから結構頑張っちゃってるんじゃないの？」

愚痴っぽくて、つくづく退屈な話である。

月曜日の朝から職場の先輩につかまって、もしも実際にこんなとりとめもない話につき合わされたら、返事に困るだろう。

無愛想な応答をするわけにもいかないし、こんな会話につき合っていても、先の展開は知れている。

早目に退散して、さっさと仕事に取りかかりたいと、話を聞くのも上の空になる。

この語り手は、遊園地での出来事をまったくまとめることなく話しはじめている。メリハリなく行き当たりばったりだから、ドラマ性も感じられず、まるで居酒屋のカウンターで、ホロ酔い気分の常連客が、店主の親父相手に独《ひと》りごちでもやっているような話しぶりなのである。

これでは、いくら雑談のつもりでも、相手が逃げ腰になるのも無理はない。

まず、何を話したいのか、何を問いかけにするのか、雑談であっても瞬間的に頭の中で言いたいことを整理する。つまり心の中でひと呼吸間《ま》を置いて、一点だけにポイントを絞るような習慣をつけるとよいだろう。

すると、次のようにメリハリが利いた話になるのだ。

先輩「きのうは○×遊園地に行って久しぶりに家族サービスさ。女房、子供は喜んでくれてよかったけど、運転手のおれはクタクタ。きみの偉さがわかったよ」

この程度に要点だけをまとめ、まずは相手の反応を窺うべきだろう。

そうすると、相手にも喋りたいことがあれば乗ってくる。なければ、この話題は脈がないから、二言三言のやりとりですぐ終わる。

興味のない話にいつまでもつき合わせる愚は避けられるのだ。相手が興に乗れば、会話のピンポンに移ればよい。

どうせ雑談だから、雑な話し方でもよいのだなどと思っていたら大間違いなのである。雑談の中にこそ、あなたの知性や教養、人間性そのものが映し出されるからだ。

ところで、あなたも知らず知らずに行なっていることだが、雑談をもちかけるときには、何らかのサプライズ（驚き）要素が入っている場合が多いだろう。

「実は内緒の話だけどさ、おれこの一週間の間にね、なんと株で10万儲けたんだよ」

「携帯を大便器の中にポチャンと落としちまってね、それからがてんやわんやさ」

そう、サプライズには素朴な感情表現（喜怒哀楽）がつきものゆえに、それだけ相手の反応も引き出しやすくなる。

とりわけ、喜びや楽しさを表現した話には、相手も乗りやすい。ただし、自慢話では顰《ひん》蹙《しゅく》を買うから気をつけたい。

一方で、怒りや哀しみを表現した話には、聞くほうも無意識のうちに警戒心をもってしまう。うかつな返答をして、怒りや哀しみを増幅させたくないと思うから当然である。

だとすると、どうせ雑談の話しかけに用いるのなら、喜びや楽しさを伴うサプライズ要素のほうが賢明であろう。

明るい笑顔で雑談をもちかけられれば、誰だってついつい心を開いて応じたくもなるものである。

そのうち、あなたという存在がいつも楽しい、面白い話を聞かせる人物として、周囲の見方までも定着させたならばシメたものなのである。

あなたに対する上司の評価もいつのまにか上がり、次の査定には必ずや良い影響を及ぼす筈であろう。

POINT

雑談の要点はひとつにまとめ、明るい驚きの感情表現を！

雑談であっても、思いつきをダラダラと喋ると印象は悪くなる。要点をひとつに絞り、切り口にはサプライズを加味して、喜びや楽しさを演出しよう。

「頭がいい人」に見える"雑談"の仕方

悪い例
それでさー遊園地は混んでるし、帰りは渋滞でもうヘトヘトになっちまってさーまったくやんなるよなーきみんとこは、よくやってるよな
ええまあ……
ああ……またか……
相手
あなた

＊頭に思いついたことだけをダラダラ口にしてはいけない。しかも愚痴や不満は禁物。話す前に一瞬でも、何を語りたいか、何を問いかけたいかを考えてから話しはじめるべきである。

良い例
きのうは久々の家族サービスで遊園地さ。子供と遊べたのは楽しかったけどクタクタになっちゃったよ　その点きみはいつものことだから偉いよな！
へー先輩もやりますねえ……ぼくんとこはカミさんが運転してくれるんで助かってるんですよ
相手
あなた

＊要点をひとつに絞り、感情表現（喜び・楽しさ）を伴う、ちょっとしたサプライズを切り口に加える。そして相手の反応を見て、話題の妥当性を判断していこう。

議論の場で「頭がいい」と思われる話し方！

「要するにきみが言いたいのは、〜ってことなんだろう？　だけどね」

「今のはちょっと違うんじゃないかと思うんだけどね、つまり」

会議などで、あなたの話を受ける形で、誰かがこんな切り出し方で話をはじめたら、きっとあなたは目をむくだろう。

「何だコイツ、おれの意見に反対なんだな」とばかりに思わず警戒心を強めてしまう。それも道理である。

これらの切り出し方は、明らかにあなたの話をこれから否定しようとする話し方である。

これでは、あなたが緊張し身構えるのも無理はないのである。

議論の場では、誰かの発言に反対を唱える場合、多くの人がうっかりミスを犯している。あえて摩擦を起こしたいのなら、こんな切り出し方でも構わないが、あとにシコリを残さずに反論したいということなら、もう少し気の利いた話し方を覚えておいたほうがよいだろう。

「なるほど、今の意見は、まことにもっともだと思います。とりわけ現状では、コストの面からもやむをえないケースだと考えられます。私も、本来ならば大賛成と言いたいところなのですが、しかし、もう一方でこのまま本質的な問題にメスを入れずに、このまま先送りしてもよいものなのかと考えたとき、一抹の不安と申しましょうか、躊躇の念を覚えざるをえないものがあるのも事実なんです」

「大筋において賛成と双手《もろて》を上げたいところなんですが、二、三伺いたい点があるんです。よろしいでしょうか」

どうだろう。

この二通りの言い方は、いずれも前の人の発言内容をけっして否定してはいない。こういう言い方をされたのなら、にわかにムカつかずともすむのではないか。

むしろ自分の意見を通したいあなたにしてみれば、敵対的でなく、まあまあ友好的と見せる相手を、こちら側にもっと引き寄せるべく懐柔《かいじゅう》したい気持ちのほうが強くなっている筈だろう。

他人の意見に反対を唱える場合でも、ここに言葉の使い方の妙があるのだ。

「なるほど〜なのだが、しかし〜」という形、ここでは「ナルホド・シカシ型」と呼ぶことにするが、この場合、特に気をつけなければならないのが、シカシのあとにくる言葉なのである。

しかしのあとにくる言葉というのは、ふつうどうしても強調され、断定口調になりがちだ。

「～ということもあるでしょうが、しかし得策とはいえないでしょう」

「～だそうですが、しかし、今時そんな方法が通じるでしょうか」

得策じゃない、そんな方法は通じないということを、はっきり述べているのである。

これでは、あなたの意見への明白な反対表明になってしまい、あなたもムキになる。

ここで、もう一度、はじめの例文をよく見て頂きたい。

「ナルホド・シカシ型」でありながら、シカシの後にくる言葉を曖昧なものにすりかえているのだ。

「しかし、もう一方で、このまま本質的な問題にメスを入れずに、このまま先送りしてもよいものなのかと考えたとき、一抹の不安と申しましょうか、躊躇の念を覚えざるをえないものがあるのも事実なんです」

だから、どうなんだよと聞きたくなるものの、その点については、まだ奥歯にモノがはさまったような言い方で、保留していることがおわかり頂けるだろう。

つまり、こうすると、反対ではないけれども、別の見方や意見があるということを、やんわり示唆する形になるのである。

そして、もうひとつの例文を見てほしい。

「大筋において、賛成と双手を上げたいところなんですが、二、三伺いたい点があるんです。よろしいでしょうか」

賛成するかに見せかけて、実は賛成などしておらず、態度保留のままに、質問させてくれという形をとっている。

これは、質問に答えさせる形で、相手の論理の矛盾点を相手自身に語らせ、相手の意見の欠陥を露呈させる作戦といえるかもしれないだろう。

これを「賛成シタイノデ質問サセテ型」と呼ぶことにしよう。

先の「ナルホド・シカシ型」の場合でも、この「賛成シタイノデ質問サセテ型」の場合でも、いずれにも共通するのは「あなたの意見は立派です。だが、こんな別の見方もあるのではないか」と、一歩引いたところであとから理屈を言おうとする姿勢なのである。

何はともあれ、この先相手の意見とは違う論理を展開することになるのだから、これは明らかに〝反対〟の範疇に入るべき性質をもっているものだ。
しかし、こういう言い方をするだけで、相手を身構えさせることなく、しかもあなたの意見に正面から反対ではないんですよと偽装までできるから、相手のほうもあなたを敵ではなく、何だか味方のようにさえ錯覚しかねないのである。
協調的態度が尊ばれる日本の職場では、議論を交わす場においても、こうしたレトリックを駆使したほうが敵を作らずにすみ、皆が「ほーう」とばかりに感心し、いつしか「頭のいい人」とあなたへの評価も高まるのである。

POINT

反論と思わせずに反論する話し方がある！

「ナルホド・シカシ型」の場合には、シカシのあとを曖昧にすると反論ではなく、別の見方の示唆になる。また「賛成シタイノデ質問サセテ型」の場合は、反論ではなく「質問したい」の形をとることで、巧妙に論理矛盾や弱点を相手に自ら語らせることも可能なのである。

反論を反論と思わせない偽装トーク

「ナルホド・シカシ型」

なるほど、大変もっともな意見なので賛成と言いたいんですが、しかしちょっと躊躇してしまう点があるのも事実なんです
反対者
何でしょう？遠慮なく言って下さい。何でもお答えしますよ、ホイ！
ウキウキ
あなた

＊「シカシ」のあとを曖昧な言い方にすると味方のように錯覚させてしまう。

「賛成シタイノデ質問サセテ型」

賛成と言いたいんですが、いくつか質問があるんです。いいですか？
反対者
ドージョドージョ大歓迎ですよ
ウキウキ
あなた

＊賛成したいからと偽装して、実はあなた自身に論理の矛盾や弱点を語らせ、あなたの意見を粉砕することもできる。

多勢に無勢の状況下〝叩かれない反論〟の仕方！

前項でもふれたが、会議などで、自分の意見を言う場合、多くの人が考え違いをしていることがある。

それは、自分の意見は正々堂々と言わねばならないというトラウマである。

この考え方が強ければ強いほど、誰かの意見を否定する形で反対を唱えざるをえない。

「議論に絶対勝つ――最強のトーク術」だとか「相手を言い負かす話し方のテクニック」をテーマにした本があるが、これを日本の職場で行なわれる会議で本当に用いたなら、あなたの周囲はいつの間にか敵ばかりということにもなりかねないのである。

思わず「欧米か！」と流行り漫才の突っ込みを入れたくもなるのである。

すでに述べたことだが、論理で攻めまくっても、相手の心には響かないのだ。

潜在意識は、情緒的、感情的言葉こそスムーズに取り入れてくれるものの、論理的な言葉はにわかには届かない。理詰めの話を理解し判断するのは、あくまで理性を司っている意識（顕在意識）のはたらきに他ならないからである。

意識の上で「なるほど、おれの意見はことごとく否定された。理屈の上ではたしかに相手の言う通りだから納得せざるをえない」と思っても、あなたの心の中には釈然としないものが残る筈なのである。これで本当に納得したと言えるだろうか。

あれこれと考えを巡らせ、ひとつひとつ事例を積み上げ築いてきたあなたの論理であればあるほど、他人から一刀両断に切り捨てられて気分が良いわけがないのである。それが人間なのだということを忘れてはいけない。

さて、前項では、前の人の発言を受けて、反論を展開するにあたって注意しなければならない話し方について解説した。議論の場であればこそ、こうした点に気配りして頂きたいものだが、では、周囲の意見が大体ひとつに固まっているというとき、すなわち多勢に無勢状態のときに、あなたがあえて意見を開陳し、説得しなければならないというケースでは、どんな話し方がよいのだろうか。

この場合でも、大方を向こうに回して、あなたが颯爽《さっそう》と、自論を堂々展開し、新たな「叩き台」になるべきなのだろうか。

もちろん否である。何も自分から火中の栗を拾うこともないし、皆から集中砲火を浴びるのを待つこともないのである。

ここでも、あくまでスマートに賢く立ち回る話し方で口火を切って頂きたい。

そのために有効なのが、以下のような〝根回し型トーク〟なのである。

「A案が現時点で、〝最適〟という判断は、こちらのデータにも明らかであり、みなさんご承知の通りです。私もひとつひとつのデータを点検致しましたが、特に問題ないものと理解致しました。ところがです。ここにまったく異なる見地からのデータが出てきたのです。これをどうとらえたらよいものなのか、少し心配になったので皆さんのご意見を伺ってみたいと考えた次第です」

すなわちA案には私もはっきり賛成している。しかし、こんな別の見方を示すものが出てきて、私は正直とまどいも覚えるのだが、皆さんはどうでしょうか？ という趣旨の発言だ。

「皆さん、A案が最適だとお考えだったでしょうが、ここにまったく別の見方を示すデータが出てきたんです。これを見ると、むしろA案の強味が、弱味になっているのではないかとさえ私は危惧するのですが、皆さん本当にA案でよろしいのでしょうか？」

前と後の話し方の微妙なニュアンスの違いがおわかりだろうか。

前のほうは「私は皆さんと同意見です。すなわち味方です。しかし、今一度中立的な立場で検証してみたい」という話し方であるのに対して、後のほうは「Ａ案ではまずいのではないか、私はＡ案ではよくないと思います」とすでに結論を出し、自分の立場を鮮明にしているのである。

議論の場では、自分の考え、自分の立場を明らかにすべく、賛否を主張することこそ大切であるとするなら、ここでもまた、後のほうの話し方が正しいということにもなりかねないが、はたしてそうだろうか？

はじめから寄らば大樹ではないけれど、多数意見に便乗しようとする姿勢や、中立を装って自分の立場や考えを表明しないというのは卑怯な態度だとして非難する向きもあるだろう。

しかし、前項でもふれた通り、会議の場では徒らに、相手を刺激すべきではないし、相手をへこますような話し方こそ、惻隠《そくいん》の情のかけらもない姿勢ということにもなるのである。最終的な自分の立場は、もっとあとからでもいくらでも表明できるのである。

こうした話し方は、前項の「ナルホド・シカシ型」のときと注意点は同じである。

ただ大きく違うのは、皆と同意見であり、味方であるということを、はじめにしっかり強調しておくことなのである。

前項で解説した話し方は、前に発言した人の言葉を受けて、それに対しての反論を、反発されないよう偽装するテクニックであったのに比べ、今回は大多数の意見がすでに形成されている場での発言である。

誰しも一度決まった議案に対してもう一度蒸し返されたり、再度の検討を迫られるのは〝不快〟である。一斉にあなたを袋叩きにしないとも限らない状況にある。そんなときだからこそ、ここでは十分な根回しを行なうべく、自分の意見は隠し、ひたすら味方であるという立場を強調しておく必要があるのだ。

POINT **多勢に無勢の立場のときは〝味方〟の立場を強調すべし！**

「右へならえ」式協調ムードがはびこる日本の会社での会議では、たった一人の少数意見は袋叩きに遭いやすい。味方であることをひたすら強調し、中立の立場で別の見方を紹介する姿勢がベストである。

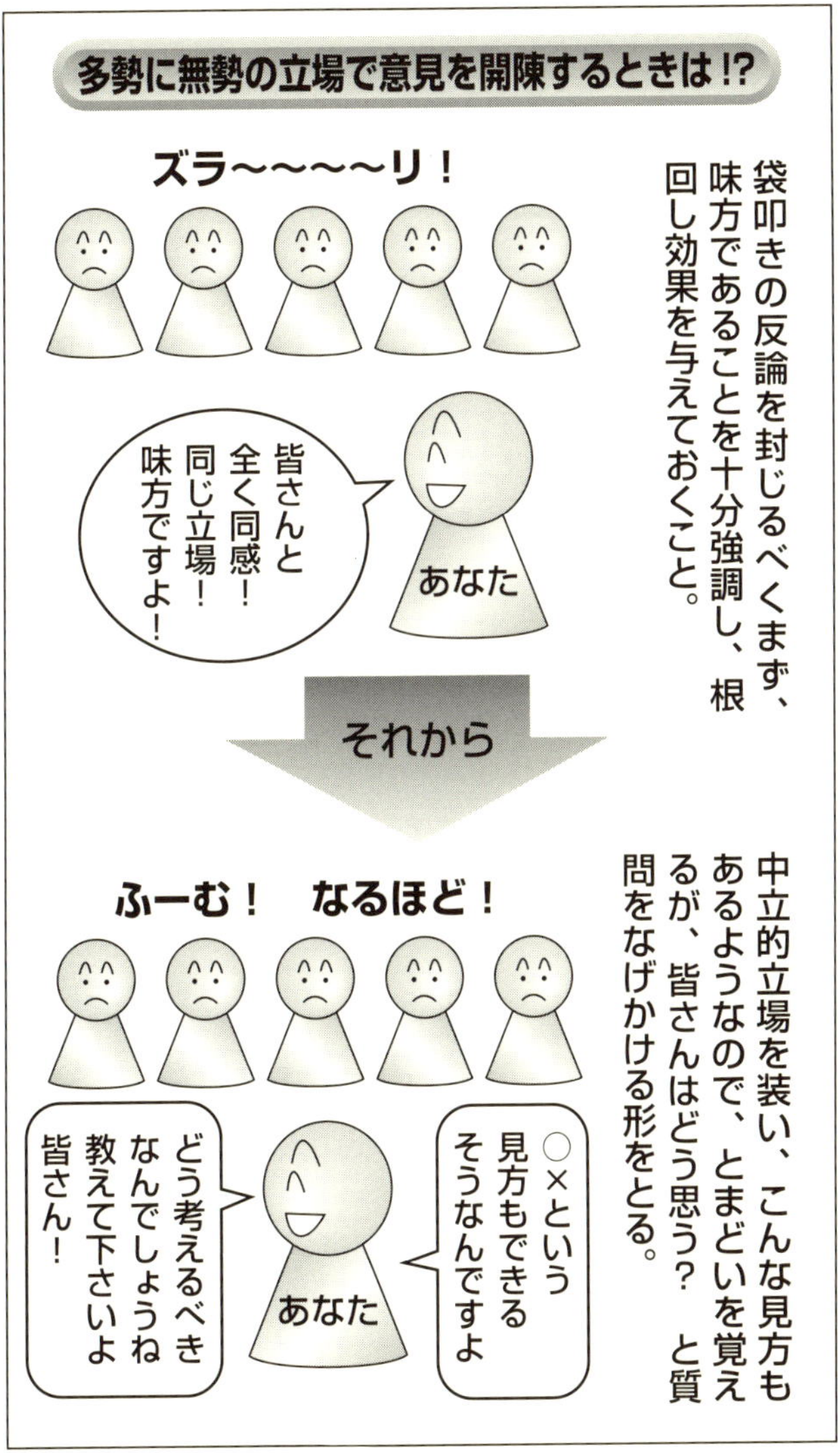
多勢に無勢の立場で意見を開陳するときは!?

袋叩きの反論を封じるべくまず、味方であることを十分強調し、根回し効果を与えておくこと。

ズラ〜〜〜〜リ！

皆さんと全く同感！同じ立場！味方ですよ！

あなた
それから
中立的立場を装い、こんな見方もあるようなので、とまどいを覚えるが、皆さんはどう思う？　と質問をなげかける形をとる。

ふーむ！　なるほど！
○×という見方もできるそうなんですよ
あなた
どう考えるべきなんでしょうね教えて下さいよ皆さん！

敬語の使い方は、社会人なら完全マスターを目指すべし！

はじめての出会いでは、第一印象が極めて重要であることはすでに述べた。

ところで、見た目もよく、態度や話し方にもまったく問題のない人物だと思って話しはじめていた相手に、急にガッカリさせられる瞬間がある。

言葉の誤用である。

「ほほう、そういった方面にも造詣《ぞうけい》が深いとは、こりゃあ驚きましたね」

「いえいえ、とんでもございません」

年輩の人間なら、間違いなく「え？」と思ってしまうところである。

「とんでもない」「情けない」「みっともない」「滅相もない」「せわしない」などは、全体でひとつの形容詞である。

「〜ない」の部分だけを切り離して丁寧な言い方で「ございません」としたつもりだろうが、それを言うなら「とんでもないことでございます」「情けないことでございます」「みっともないことでございます」「滅相もないことでございます」「せわしないことでございます」でなければならないのである。勝手に切り離しては〝言葉〟でなくなってしまう。

こんな例は無数にある。あなたが話し方を上達させようといくら努力していても、こんな言葉の誤用によって、相手から見くびられたのでは、シャレにもならないだろう。

社会人なら必須の常識として、正しい言葉遣い、とりわけ敬語（尊敬語、謙譲語、丁寧語）の扱いは、完全マスターしておいて頂きたい。

この項では、よくある誤用の例をいくつか挙げておく。せめて、これだけでも今日から正しく使えるようチェックして覚えておいて頂きたい。

（誤）「（得意先に対して）いつもお世話様でございます。私、神田商事の斉藤と申します」
（正）「いつもお世話になっております。私、神田商事の斉藤と申します」
　×　×　×　×
（誤）「（上司の指示を受けて）わかりました。すぐに取りかかります」
（正）「かしこまりました（承知致しました）。すぐに取りかかります」
　×　×　×　×
（誤）「（上司に向かって）部長ごくろうさまでした」

（正）「部長お疲れさまでした」

（誤）「（お客に向かって）それでは、お席までお連れ致します」 × × × ×

（正）「それでは、お席までご案内させて頂きます」

（誤）「（得意先や上司に向かって）今回は本当にすいません」 × × × ×

（正）「この度は大変申し訳ございません」

（誤）「（電話で得意先に対して）本日、山田はお休みをいただいております」 × × × ×

（正）「本日、山田は休暇をとっております」

（誤）「（電話で得意先に対して）山田は、ちょっと姿が見えませんが」 × × × ×

（正）「申し訳ございません。山田はただ今席をはずしております。5分ほどで戻ると思いますので、折返しご連絡を差し上げるように致しましょうか？」 × × × ×

(誤)「(電話で) 申し訳ございません。お声が小さくて聞こえにくいのですが」

(正)「申し訳ございません。お電話が遠いようなのですが」

(誤)「お電話頂いて助かりました。ちょうどお伝えしたいことがありまして」　×　×　×　×

(正)「頂いたお電話で恐縮ですが、ちょうどお伝えしたいことがあるのですが、よろしいでしょうか?」

(誤)「(得意先に対して) そのように申されましても、私ではちょっと決めかねるんですけど」　×　×　×　×

(正)「そのようにおっしゃられましても、私では判断致しかねますので、上司と相談したく存じます」

(誤)「(得意先に対して) ゴルフをおやりになるんですか」　×　×　×　×

(正)「ゴルフをなさるんですか」　×　×　×　×

（誤）「（お客に向かって）どなたをお呼び致しましょうか？」
（正）「誰をお呼び致しましょうか？」

× × × ×

（誤）「（受付の立場で）お名刺を頂戴してもよろしいでしょうか？」
（正）「お名刺をお預かりしてもよろしいでしょうか？」

× × × ×

（誤）「（お客に向かって）お名前は、どのように読んだらよろしいのでしょうか？」
（正）「お名前は、どのようにお読みすればよろしいのでしょうか？」

どうだろうか。全部の間違いがわかるようでないと、ちょっとヤバイのだ。

POINT

言葉の誤用、とりわけ敬語には気をつけよう！

見た目も十分、態度や話し方も申し分ない。そんな人でも、言葉の誤用があれば、一気にマイナスイメージを相手に植え付けてしまう。用心あれ！

言葉の誤用でたちまちイメージダウン！

いやーとんでもございません！私なんかまだまだですよ！
えっ？
とんだアンポンタン野郎だなコイツは……
相手
あなた

＊「とんでもない」は全体でひとつの形容詞！　「ない」だけを切り離して丁寧な言い方にすると、スットコドッコイとなる。

そのように申されましても私ではちょっと決めかねるんです。
ん？
にゃんだとー
得意先
あなた

＊「申す」は「言う」の謙譲語である。自分が「申し上げる」と使うならよいが、相手の発言の場合は「おっしゃる」と尊敬語を使うのが正しい。

第5章

相手をいい気持ちにさせる会話術

～相手を自分のペースに巻き込む話し方

話しかけのテクニック!

あなたは毎朝会社に出勤したとき、上司や同僚、後輩といった、職場の人たちに対してどんな挨拶をしているだろうか。

自分から真先に「お早うございます」「お早う」と明るく元気な声を出しているならまったく問題ない。

しかし、俯《うつむ》き加減で誰とも顔を合わせたくないような表情で、そそくさとフロアを抜け自分の机までまっしぐらという人もいるのではないか。それも、相手から挨拶されてから小さな声でモゴモゴ返すのが精一杯。いかにも自分の世界、自分の殻に閉じ込もっていたいというような態度だとしたら困りものである。

自分から明るく元気な挨拶ができる人――これが話し方上手になるためには欠かせない要件なのである。

挨拶は、ぜひ私とコミュニケーションして下さい。私は待っていますよというシグナルを送る姿勢に他ならない。いわば家の扉を開いて、どうぞお入りくださいと迎える態度といってもよいだろう。

「うちの会社はみんな、ヨ！　とか、おハヨ！　とか小声で言うだけで、ちょっと目配せする程度だし、そんなふうに明るく元気に声をかけ合うような風土も習慣もないから無理だよ」などと言わないで頂きたい。

そんなにみんなが内気ムードの会社なら、なおさらあなたが明るく元気に挨拶をかましてやるべきだろう。そうすることが、周囲のみんなを飲み込むことにもなる。

やがて、あなたの存在は、職場になくてはならないキャラクターとして、必ずやヒーローの位置にまで登れること間違いない筈なのである。挨拶をナメてはいけないのだ。

明るく元気な挨拶ができないという人の中には、こちらから挨拶をしても、相手がロクに返してくれないからという消極的な理由もあるだろう。しかし、こんな人に限って、小さな声で中途半端な仕草や態度だからこそ、相手から無視されるのである。

明るく元気な大きな声で、相手を見すえて挨拶すれば、必ずや相手は挨拶を返してくる筈である。いや、返さずにはおれないのが人間心理だからだ。仮に無視されるようなことがあったとしても、それがどうしたという気持ちになるべきだし、そんな健気な姿勢は周囲も認めてくれるのだから余計な心配である。

挨拶を恥ずかしいなどと考えているとしたら、そんな了見こそが恥ずべきものだと知っておこう。

「お早うございます」と明るく元気な挨拶は、お店に入ったときに「いらっしゃいませ」と明るく元気に迎えられるのと同じである。この台詞のあとに、何かを付け加えて話すわけでもないのだから、まずは明日から率先して行なうようにして頂きたい。

さて、こうして職場の見知った顔に対して、しっかり声をかける練習を積んで頂ければ、次はパーティー会場などでも、今度は見知らぬ人に対しても、平気で声がかけられるようになるのだ。

恥ずかしいなどと気遅れする必要はない。あなた以外の日本人も大抵恥ずかしがり屋なのである。あなたに声をかけられた相手のほうこそ、声をかけられたものの、どんなことを喋って話をつないだらよいものやら、内心ドギマギしているのだから。

何だったら、見知らぬ誰かから声をかけられた人が、どんな対応をしているのか、一度こっそり観察してみたらよいだろう。声をかけるほうだって慣れている人はともかく、大抵の人は、どんな話題を振ったものやら、内心オドオドしながらおっかなビックリだし、声をかけられた人も慣れていない人はヘドモドしているものだ。

こんなシーンをつぶさに目撃すれば、日本人のほとんどといってもよいくらいの人が、社交下手だし、恥ずかしがり屋であることを認識するだろう。

こんな状況は、むしろチャンスといってもよいのである。

会場を見渡して、外見などから、この人と話をしてみたいなと、ピーンとくるものがあったら、その人にすぐさま近づこう。

「こういうパーティーにはよくいらっしゃるんですか？　ぼくははじめてなんで、どんな方が来られているのか見当もつかないんですが……」

「ここのホテルは、料理に定評があるって聞いたんで楽しみにやってきたんですけど、ビールで乾杯しているうちに、何だかお腹がふくれちゃって、何がおいしいですかね？」

「いやあ、今日は盛況ですねえ、いつもこんなに人が多いんですか？」

などと、会場そのものをネタにして、声かけして反応を探ってみるのもよいだろう。

このとき、注意したいのは、「ええ、そうですね」「いや、そうでもないですよ」などとYES・NOの当たり障りのない答えしか返らないような形でなく、少し具体的な応答をせざるをえないような質問形式の声かけが望ましいだろう。

そうすれば「いや、私も今日はじめて来たので、わからないんですよ」だとか「ローストビーフと寿司を食べましたけど、まあいけますよ」「今日はまだ参加者は少ないほうですよ」などと次の会話につなげやすい答えも返ってくる。

あとは、どんな話題を振ったらよいかといえば「木戸に立ちかけし衣食住」という語呂合わせフレーズを思い起こして、話をつないでいけばよい。これもできれば質問形がよい。

この語呂合わせのフレーズだが、元ＮＨＫアナウンサーの青木一雄氏が作ったとされる有名な〝話題選び〟のキーワードなのである。左頁の表を参考に、ぜひ使うようにして頂きたい。

POINT

話しかけ上手になる練習は朝の挨拶にあり！

日本人は誰だって恥ずかしがり屋だ。毎朝の職場での明るく元気な挨拶で練習を積み、あとは話題選びの語呂合わせフレーズを使い、見知らぬ人にも声かけしていこう！

話題選びの語呂合わせ「木戸に立ちかけし衣食住」

キ	気候	「今日は風が強かったですよねえ、通勤に支障はありませんでしたか？」
ド	道楽	「２年前からオヤジバンドやってましてね、こういうパーティー会場で一度演奏してみたいもんです」
ニ	ニュース	「株価が下がって、ヘソクリがパーですわ。どうですか、株とかにご興味は？」
タ	旅	「この間中国に行ったんですけど、やっぱり物価が安いのは魅力ですねー」
チ	知人	「私の知人なんですけどネットビジネスで結構稼いでましてね、私も副業でやろうかと……」
カ	家族	「うちは大家族なんで、１ヵ月の食事代が馬鹿にならないんですよ。おたくの家はどうです？」
ケ	健康	「毎朝のジョギングを続けようと思ったんですけどね。３日で駄目ですわ。おたくはどうです？」
シ	仕事	「うちはローテクでしてね、世の中の進化と逆行してるんですけど、これがいいんですわ」
イ	衣	「○×のメンズ館はいいですよ。行ったことありますか？　スーツなんかはいつもどこで？」
ショク	食	「和食党なんで、こういう洋食もたまにはいいですねえ。おたくはいかがです？」
ジュウ	住	「うちは戸建といっても田舎ですからねえ、都心のマンションは便利でしょう？」

見知らぬ人とも急接近するテクニック…その①

第3章の1項では、まったく見ず知らずの相手にアプローチする際、さり気ない〝自己開示〟を行なうことで、次第に〝ラポール〟が育めることを解説した。

ここでは、さらにもう一段踏み込んだ形での〝自己開示〟テクニックをお教えする。

あなた「ほお、貿易関係のお仕事ですか。そうすると近頃は中国とか、アジア関係が多いんでしょうね」

相　手「そうですね。うちは欧米よりむしろ、もっぱらアジア中心といってもいい会社ですから」

あなた「じゃあ、出張でアジアに行かれることも多いんですか？」

相　手「いやあ、よくそう言われるんですけどね。私は内勤専門で、国内での関連書類の作成がメインの仕事なんですよ。ですから、たまに個人的な旅行で中国とかベトナムに行く程度ですね」

あなた「そうですか。実は私、一年程前に中国の北京ツアーに参加したのをキッカケに、趣味で中国語の勉強をはじめたんですけど、仕事で中国語は使われるんですか？」
相　手「ほお、中国語ですかあ。私も勉強してますよ。仕事は英語中心ですが、英語だけだとどうしても不便なことがありましてね」
あなた「わーそうですか。どのぐらいやってらっしゃるんですか？」
　おわかり頂けただろうか。中国語を勉強しているということが明らかになった時点で、両者の会話がぐっと身近で弾んだものになってきている。これは〝中国語の勉強〟ということをキーワードにした〝同類項の発見〟〝共通項の発見〟に、あなたが成功したからこそ、相手との会話が一気に親しみを増したことを意味している。会話の相手のイントネーションをヒントにして「もしかして関西方面のご出身じゃないですか？」と尋ねたところ「大阪の豊中出身ですよ」「ああ豊中ですか？　私は堺です。同じ大阪ですね、いやあ、何か懐かしいなあ」などと弾んだ展開になった経験は誰しもおもちだろう。
　このように、おたがいの〝同類項〟〝共通項〟の発見に努め、それをキッカケに「私もそうなんですよ」と〝自己開示〟すると、一気に親密度は増すのである。
　つまり、相手との間にラポール形成を図るためには、会話の中から、いち早く自分と相手との〝同類項〟や〝共通項〟を探し出す作業が重要なのである。

もちろん、そのためには相手の話を受けてからの〝自己開示〟も大事だが、自分のほうからの積極的な〝自己開示〟も欠かせないのである。


「実はですね、ここだけの話なんですけど、会社の仕事とは別に、趣味で個人輸入なんかもやってましてね。ネットで中国の古美術品を売って結構儲けたこともあるんですよ」

「実はですね、こう見えても大学時代は合コンキラーといわれてましてね、フフフ」

「実はですね、今の会社に入る前は、税務署に勤めてたもんですから、節税の裏ワザといいますか、抜け道といいますか、いろいろそのへんの知識は豊富なんですよ」

こんなふうに「実は～」と切り出し、自分の秘密を特別にあなただけにお教えしますよ、という形式の〝自己開示〟もよく行なわれている。

これを使うと、心理学の〝限定効果〟（あなただけに・特別に）も加味されるだけに、相手に強いインパクトを与えられるのである。それゆえ、これをキッカケに「えー、そうなんですか」「そうだったんですか」と相手は驚きとともに、あなたと秘密を共有した関係のような気分になり、親密の情が増してしまうという効果があるのだ。

パーティー会場などで、見知らぬ人と苦もなく親しくなって、会話を続けられる人というのは、実はこういう作業を上手に行なっている人だともいえるわけである。

さらに、世の中には「人たらし」といわれるぐらい、見知らぬ人との会話を盛り上げるのがうまい人がいる。こんな人は、今まで述べてきた〝自己開示〟にさらにひと工夫盛り込んだテクニックを使っている。

「貿易関係の仕事をやってます、なんて言いますとね、じゃあ英語はお手のものですね、なーんて皆さん思ってくれちゃうでしょう？　ところがですね、私は事務屋でしてね、英語の専門用語の詰まった書類こそ毎日取り扱ってますけどね、会話のほうはさっぱりなんですよ。5年前うちの女房と、新婚旅行でアメリカに行ったんですけど、私の英語が全然通じないもんですからね、女房は『騙された』なんて言ってすっかりオカンムリで、あやうく〝成田離婚〟になる寸前だったんですよ、アッハッハ」

「いやあ、若い頃は上司からドジ、馬鹿、間抜けなんて言いたい放題言われてましてね、毎日へこんでましたよ。ところがある夜、その上司がラブホテルから出て来たところにバッタリ遭遇しましてね。上司の連れは何と、私もよく知ってる同僚のカミさんでね、それ以来、秘密を握った私への態度がガラリと変わって、こっちは有頂天。ところが、いい気になってたら、なんと3月ほどで同僚が転職しちゃって元の木阿弥。前以上にドジ、馬鹿、間抜け扱いですわ。こういうのも天国と地獄を見たってことになるのかな、ガハハ」

いやはや、自分の失敗談をオチまでつけて面白おかしく料理している。

こんな具合に、失敗談をも、〝自己開示〟に使って笑いの要素までも加味できるようになると、かなりの上級者といえるのだ。

POINT

〝自己開示〟のテクニックを磨くべし！

さり気なく、嫌味にならない形で、自分の仕事や立場を自己開示していくのは有効だ。さらに一歩進めて〝同類項〟や〝共通項〟を見出しての自己開示、また〝秘密〟を告白したり、〝失敗談〟の暴露といった自己開示も相手とのラポール形成に効果的なのである。

“自己開示”の４段階テクニック

《これで一気に“親密度”が増す！》

第1段階
あなた
あんまり日本にいないんですよボク
あら！ 外国の大使館とかにお勤めですか？
相手
さり気なく嫌味にならない程度に自分の仕事を示唆する。
第2段階
あなた
関西方面のご出身ですか？ボクは堺ですけど
あら！ アタシは豊中です！今も住んでるの
相手
同類項や共通項を見つけて話題にする。
第3段階
あなた
実はここだけの話ですけど、税務署にいたんで節税とか詳しいんですよ
うわあ！頼もしい教えて下さいよ
相手
自分の内面の秘密を告白し、あたかも共犯関係のようなムードをつくる。
第4段階
あなた
名刺交換の時、相手にキャバ嬢の名刺を出しちゃったことがありますよ　ダハハ
私も身に覚えがありますよ、焦りますよね　ハハ
相手
自分の失敗談を笑い飛ばすことで相手も相好を崩す。

見知らぬ人とも急接近するテクニック…その②

すでに第3章の5項で、相手とのラポール形成に必要な〝共感〟を示す言葉については解説した。「ははあ・ふむふむ・なるほど・たしかに・わかります」という相槌を打つだけで、相手は自分の言葉をいったん受けとめてくれた安心感に、さらに淀みなく言葉が湧き出てくるという効果である。

この方法論の前提にあるのが「いや、でも、だけど、しかし、だから……」といった否定的言葉で相手の言葉を受けないという約束事だ。これらの言葉に代えて、前述の相槌の言葉で受けるからこそ、相手への共感を示す態度が形作られるのである。

さてここでは、この共感を示す言葉を使って、さらに相手に急接近する言葉のテクニックをお教えする。ひとつは〝オウム返し〟のテクニックだ——。

相　手「大学時代のサークル活動はテニスだったんです。しかも同好会じゃなくて、歴《れっき》とした体育会のほうだったんですよ」

あなた「なるほどー、サークル活動はテニスでしたか。しかも同好会じゃなくて、体育会のほうだったんですかあ」

×　×　×　×

相　手「ぼくは、まだ年が若いので〝趣味はガーデニングです〟、なんて称してるんですが、実は本当に凝ってるのは〝盆栽〟なんですよ」

あなた「ほほう、ご趣味はガーデニング！　しかも盆栽に凝ってるんですかあ」

といった具合に、相手の言葉のキーワードを中心に、そっくりそのままに近い形で〝オウム返し〟で繰り返してやる。すると相手は、自分の伝えたいことをしっかり受けとめてくれたと感じ、心地良い気分になるものだ。

誰でも人は、自分のことが大好きだし、そんな自分を肯定的に受け入れてくれ、自分に興味をもってくれる相手は大歓迎なのである。

〝オウム返し〟は、そんな相手の気持ちを育み、強調する役割が極めて高いのである。

ところで、オウム返しとともにもうひとつ覚えておいてほしいのが〝倒置法〟のテクニックだ。

Ⓐと Ⓑの会話の違いをよく見て頂きたい。

Ⓐ「いやあ、今日は大変楽しい時間を過ごさせて頂きましたよ」
Ⓑ「楽しい時間でした。ホントに今日は！」

Ⓐ「よかったらもう少し、そのお話を聞かせて頂けませんか」
Ⓑ「聞かせて下さい。そのお話を。ぜひぜひ」

× × × ×

Ⓐ「ほほうなるほど、そういうことだったんですね、よくわかりましたよ」
Ⓑ「よーっくわかりましたよ！　なるほどそういうことかって」

× × × ×

Ⓑは聞き手のあなたが、いかに興奮しているかということを、最も強調すべき言葉を頭にもってきて、驚きと感動の表現にしていることがわかるだろう。

これも大変効き目がある。

試しに、退屈だなあと感じる人の話を聞いているときに、この〝倒置法〟を使ってみるとよいだろう。相手はテキメンさらに言葉があふれ出す。

相手は、あなたのそんな態度に、新鮮な驚きと感動で「おれの話は面白いんだな」など と勝手に勘違いして、すっかり饒舌《じょうぜつ》になるのだ。

罪作りな話ではあるけれど、相手を喜ばしてやるなら、こういうフォローもたまにはよいだろう。

最後にもうひとつ、オマケを伝授しておきたい。

「スゴイ・ステキ・スルドイ・サスガ」の〝四つの魔法の合いの手〟の使い方である。

お客「この店は、六本木にしちゃあ、あんまし可愛い娘はいないなあ」
キャバ嬢「スゴーイ！　お客さん相当目が肥えてるんですね」
お客「フフフ、キャバクラには毎週３～４回は遊びに行ってるからね」
キャバ嬢「サスガ！　じゃもうプロフェッショナル！」
お客「といっても、東京のキャバクラじゃあないよ、高崎、前橋、宇都宮あたりのローカル店ばっかなんだけどね、ダハハ」
キャバ嬢「ステキー！　お客さん、高崎や前橋、宇都宮あたりにもキャバクラってあるんですか？」

お客「当ったり前だろ。お前、群馬や栃木をナメてんだろう」
キャバ嬢「スルドイ！　あたし群馬や栃木って行ったことないんですよ。頭も無知無知、ボディもムチムチのヒロミです。ね、指名入れて下さらない？　スルドイお客さん！」
お客「ムフフ、じゃ、場内指名したろか」
キャバ嬢「ステキー♡」
なーんて展開である。こんなベタな使い方でもオッケーなのである。

POINT
〝オウム返し〟と〝倒置法〟で急接近を！
良好なコミュニケーションをとるためには、早目のラポール形成が欠かせない。相手の言葉の〝オウム返し〟や、感動を強調した〝倒置法〟にはすばやい効果が見込めるものだ。

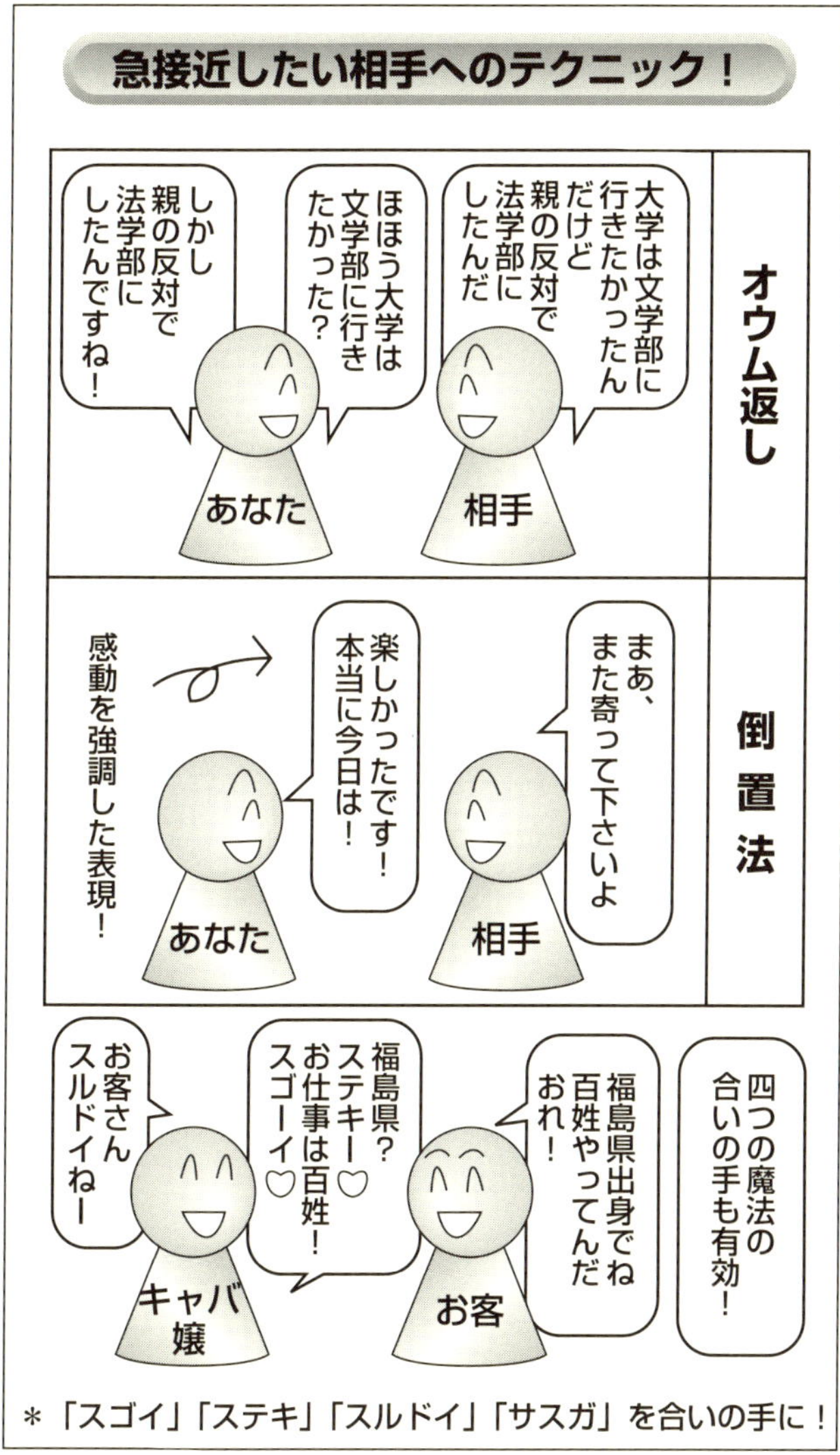

急接近したい相手へのテクニック！
オウム返し
大学は文学部に行きたかったんだけど親の反対で法学部にしたんだ
ほほう大学は文学部に行きたかった？
しかし親の反対で法学部にしたんですね！
相手
あなた
倒置法
まあ、また寄って下さいよ
楽しかったです！本当に今日は！
感動を強調した表現！
相手
あなた
四つの魔法の合いの手も有効！
福島県出身でね百姓やってんだおれ！
福島県？ステキー♡お仕事は百姓！スゴーイ♡
お客さんスルドイねー
お客
キャバ嬢
＊「スゴイ」「ステキ」「スルドイ」「サスガ」を合いの手に！

見知らぬ相手からでも本音を聞き出すテクニック…その①

これまでパーティー会場などで見知らぬ人に話しかけ、会話を盛り上げるためのテクニックについてはひと通り見て頂いた。しかし、短時間に相手の人物像に迫り、人脈といえるような濃い関係を築くには、こちらの自己開示もさることながら、やはり積極的に相手に質問を仕掛け、情報収集を図っていくことが欠かせない。

ところで、質問するというのは、実は大変に難しい行為でもある。

質問内容次第で、たちまち相手に警戒されて、今まで饒舌だったのに急に口を閉ざされることもあれば、相手を怒らせたり、こちらを見くびらせる結果になるやもしれないからである。

まずは、どんな質問がタブーなのかを、はじめに押さえておこう。

①相手の具体的な属性に関する質問……職業、地位、経歴、学歴……ｅｔｃ。
②相手の思想・信条に関する質問……宗教、支持政党、贔屓《ひいき》のスポーツチーム……ｅｔｃ。
③相手の周辺環境に関する質問……資産、収入、家族構成、婚姻の有無……ｅｔｃ。

これら三つのカテゴリーに属する事柄は、相手が自己開示しない限り、こちらから根掘り葉掘り具体的に質問するのは避けなければならない。

だからこそ、気を遣って「すると、外食関係か何かのお仕事ですか？」「国際的にも広がりをもったご活躍のようですね」などと婉曲《えんきょく》な言い回しで、相手も「ええまあ」などとぼかして答えられる程度の質問に押さえるわけである。

このとき、相手が自分のほうから「ええ実は洋風居酒屋を経営しているんです」などと具体的に答えてくれれば、ヨッシャしめたということになる。

きっと相手は、自分の経営する店について、もう少し質問してくれても構わないという姿勢だから、ある程度の踏み込みも可能となる。

もちろん、日商はどのぐらいですか？　だとか、内装には幾らぐらいお金をかけたのですかなどという質問は、さらに相手が言いたくて喋らない限り、こちらから聞けた話ではないのはもちろんである。

あくまでも、自然な会話の流れの中で、自分の自己開示も含めた上でのやりとりに限られる。

さて、タブーな質問は一見避けながらも、相手との距離感をぐっと縮めてくれる、相手の本音に上手に迫る質問の仕方があるので、覚えておいて頂きたい。
まず、ひとつ目は、たとえばの話、仮の話として質問する方法だ——。

あなた「なるほど、大変興味深いお話ですねえ、勉強になります。ところで、たとえばの話で恐縮ですが、もし、そういった契約をあとからキャンセルした場合には、かなりの違約金を請求されたりするんでしょうかねえ？」

×　×　×　×

あなた「仮の話なんですけど、もし今のご職業、具体的には存じあげませんけれど、もう一度生まれ変わってもチャレンジしてみたいと思われますか？」

×　×　×　×

あなた「失礼ですが、たとえばの話。事業に乗り出されたときは、成功する自信がどのぐらいおありだったんですか？」

こういう、仮定の話をすると、会話の流れが、今までとは打って変わって、具体性を帯びたものになる可能性がある。
なぜなら、質問の内容が往々にして相手にとってもぜひ答えてみたくなるといった、原点回帰の性質を帯びたものになるやもしれないからだ。
失礼にならない範囲で、ぜひ試してみるとよいだろう。
もうひとつ、相手の本音がポロリと洩れる可能性のある質問の仕方も覚えておきたい。
これはトリッキー効果を狙って質問する方法である。

あなた「いやー、とても女性心理に精通しておられますねえ、感心致しました。きっと実生活でもモテモテで、彼女の５人や６人はいるんじゃありませんか？」
相　手「いやーははは、５人６人はさすがに無理だよ。まあ２～３人ってところかな……フフ」

×　×　×　×

あなた「ひゃー、それだけの責任を負って仕事をされてるんじゃ、年収なんかも軽く１千万円の大台は超えていそうですねえ……」
相　手「まあ、そのぐらいの収入は、一応２～３年前にはクリアしてますけどね……」

×　×　×　×

あなた「なるほど、いよいよ独立開業ですか。すごいですねえ。そうなると軍資金なんかも1千万単位で用意されてるんでしょうねえ、まったく羨やましい限りです」

相　手「はは、皆さんそう思われて困るんですけどね。実は国金《こつきん》（国民生活金融公庫）から創業資金融資枠で500万円借りただけなんですよ。だから、手持ち資金はゼロなんですよ」

どうだろうか。意外にも、相手が本音の部分をポロリと明かしてくれたりする。

こういう質問の仕方を身につけておくと、そうした本音をキッカケに、さらに深いところでの会話の展開も期待できるだろう。

POINT

仮定の質問、トリッキーな質問で本音が聞ける！

相手の本音に迫ろうと正面から質問すると失敗する。趣向を変えるべく、仮定の質問をしたり、トリッキーな質問をすることで、意外な本音が聞き出せることがある！

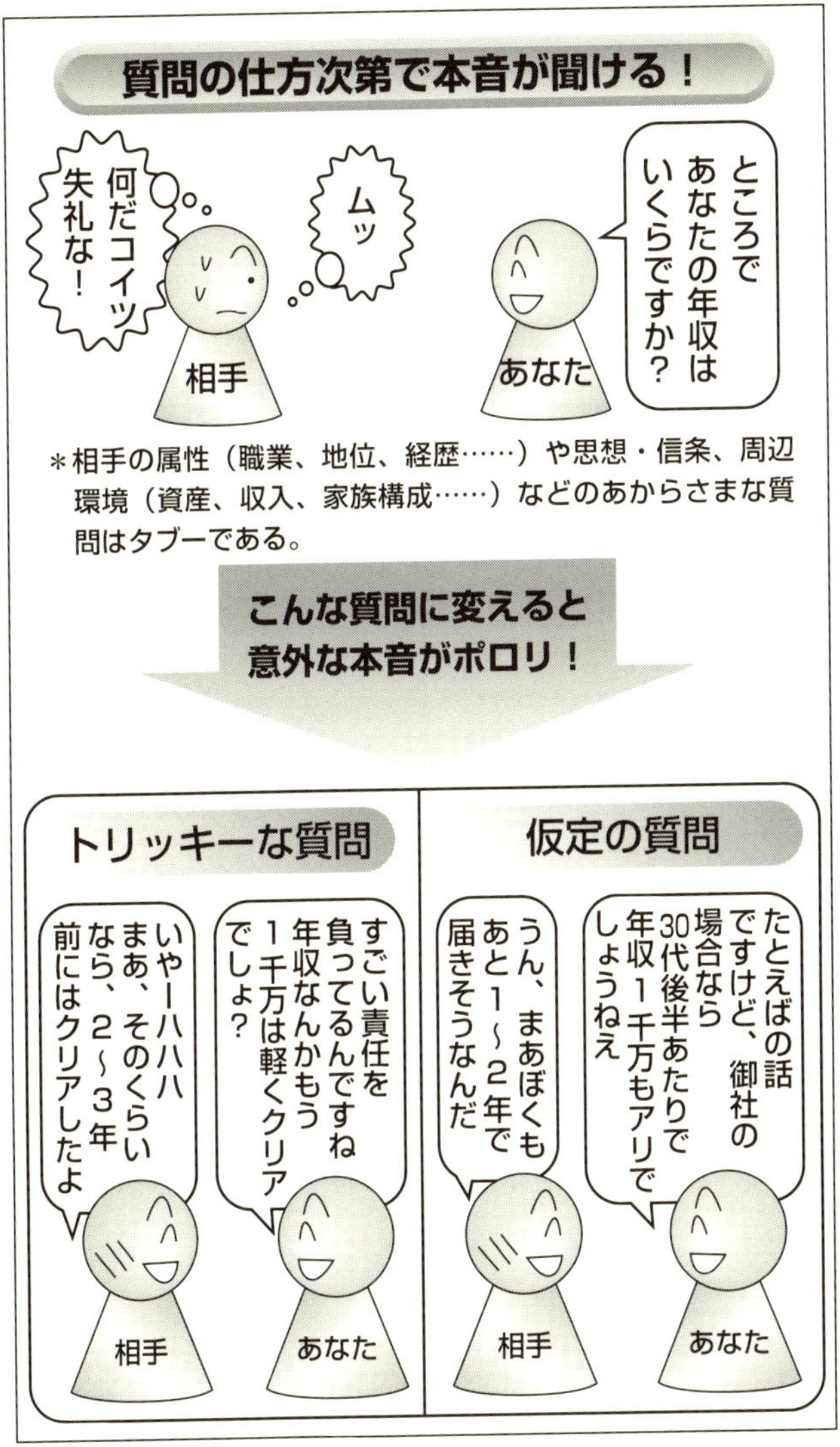
質問の仕方次第で本音が聞ける！
ところで
あなたの年収は
いくらですか？
ムッ
何だコイツ
失礼な！
相手
あなた
＊相手の属性（職業、地位、経歴……）や思想・信条、周辺環境（資産、収入、家族構成……）などのあからさまな質問はタブーである。
こんな質問に変えると
意外な本音がポロリ！
トリッキーな質問
すごい責任を
負ってるんですね
年収なんかもう
1千万は軽くクリア
でしょ？
いやーハハハ
まあ、そのくらい
なら、2～3年
前にはクリアしたよ
相手
あなた
仮定の質問
たとえばの話
ですけど、御社の
場合なら
30代後半あたりで
年収1千万もアリで
しょうねえ
うん、まあぼくも
あと1～2年で
届きそうなんだ
相手
あなた

見知らぬ相手からでも本音を聞き出すテクニック…その②

仮定の質問やトリッキーな質問が、本音を引き出すのに効果的であるのは前項で見て頂いた通り。ここではさらに、戦略的というか、心理的メカニズムを利用した、もう一段上の高等テクニックを使って、相手の本音を聞き出してしまう質問の仕方をお教えしよう。

あなた「なるほど、すべてのコスト項目を見直して毎年10％以上もの経費削減ですか。でも毎年10％だと、やがて限界がきますよね。そのへんはどうなんですか？」

相　手「ははは、ふつうに考えればそう思いますよね。まあ、そのへんが限界をもたらさないノウハウというわけですよ。いろんな試行錯誤を経験してきましたからねえ」

あなた「じゃ、すみません。ひとつだけ、ちょっとだけ教えて頂きたいんですけど、工程単価を下げるのと、納入単価を下げるのとでは、どっちが効果が大きいんです？」

相　手「ははは、聞きたいですか？　じゃあちょっとだけヒントを差し上げましょうか。一般に考えられるのは納入単価を下げることでしょう。でもこれはすぐにも限界がきますよね。だから、あくまで工程コストにこだわっていく姿勢が肝心なんですよ」
あなた「なるほど、では人員配置や製造ラインそのものを常に見直すわけですね？」
相　手「もちろん、そういうことですよ。うちではリードタイムを短かくするための細かい工夫、たとえば仕掛品の在庫などについてもボトムネックを起こさないように、ライン間調整システムを導入してましてね、これはどういうことかといえば～」

この会話の展開を見て、お気づきになっただろうか。相手は、こんな場所でそうやすやすと、大事なノウハウの肝にふれるような話などしたくはないと考えている。しかし、あなたはパーティー会場でせっかく出会ったこの人物から、少しでも自分の仕事に役立ちそうな事柄を聞き出したいと思っている。そこで、繰り出したのが「ひとつだけ」「ちょっとだけ」教えて頂けませんかという質問なのである。

相手も「ひとつだけ」「ちょっとだけ」なら教えてやるよ、とばかり話しはじめたものの、あなたの次の質問にもどんどん応じる形になってしまっている。これは心理学でいう「フット・イン・ザ・ドアテクニック（段階的依頼法）」という手法である。すなわち、相手が受け入れざるをえない「小さな要求（ひとつだけ・ちょっとだけ）」を飲ませておいて、「それよりもう少し大きな要求」をも、結果的に承諾させてしまうという方法だ。

妻「あなた、悪いけど、途中の郵便ポストにこの手紙投函してくれない？」

夫「ああ、いいよ」

妻「あ、それから悪いけど、ついでにこのゴミ出しもお願いしたいんだけどいい？」

夫「え？　ああ、いいよ（しょうがないなあ）」

「フット・イン・ザ・ドア・テクニック」とは、わずかに開いたドアに足だけ差し入れて、ドアを閉められなくしてしまうテクニックだと覚えればよい。

ついでにもうひとつ、ご紹介しよう。

「ドア・イン・ザ・フェイス・テクニック（譲歩的依頼法）」である。

はじめに相手に対し、到底飲めそうもない「大きな要求」を出して、きっぱり断わらせる。そして、すぐそのあとに、今度はそれよりもっと「小さな要求」を出して、一度断わった相手の罪悪感を利用し、まんまとその要求を通してしまうという方法だ。

いわば最初の「大きな要求」は、相手に断わらせるためのダミーなのである。

あなた「なるほど、すべてのコスト項目を見直すことで、毎年10％以上もの経費削減に成功しているんですね。それはすごいことですね。せっかくなんで、この際そのノウハウを全部ぼくに教えて下さいよ」

相　手「ええっ？　そりゃあ駄目だよ。うちが何年も試行錯誤を繰り返して得た大事なノウハウだからねえ。そんなこと簡単に教えるわけにはいきませんよ」

あなた「ああ、失礼しました。そうですよね、そんな大切なノウハウ、こんなところで、出会ったばかりのぼくなんかに教えて頂けないのは当然ですよね（ガックリ）」

相　手「まあ、うちの企業秘密でもあるわけだからね……」

あなた「あの、すみません。工程単価と納入単価のどちらを中心に下げるのか、という点だけでもお教え下さいませんか？」

相　手「ああ、それぐらいなら。あのね、納入単価を下げるのは限界がある、だから工程単価を下げる努力なんだよね。たとえばリードタイムを短かくする工夫、すなわちボトムネックを起こさないためのライン間調整システムを構築してね、それはつまり〜」

とまあ、こんな具合に展開させるのだ。この方法、自分の鼻先で相手にドアを閉じさせることで、目的達成へと結びつけるプロセスと覚えておくとよいだろう。

子供「ねえパパー、新しいテレビゲーム買ってよ」
父親「だめだよ、この間もおもちゃを買ったばかりだろ」
子供「じゃあ、キャッチボールの相手をしてよ」
父親「うんまあ、それならいいだろう」
相手が断わってきたときに、ガクッと落ち込んで見せるのを忘れずに。

POINT

心理テクニックを使った質問が効果的！

「小さな要求」を出し、相手に飲ませてから、少しずつ要求レベルを上げていくのが「フット・イン・ザ・ドア・テクニック」。わざと「大きな要求」を出して断わらせ、罪悪感をもった相手に次の「小さな要求」を出して応じさせてしまうのが「ドア・イン・ザ・フェイス・テクニック」である。

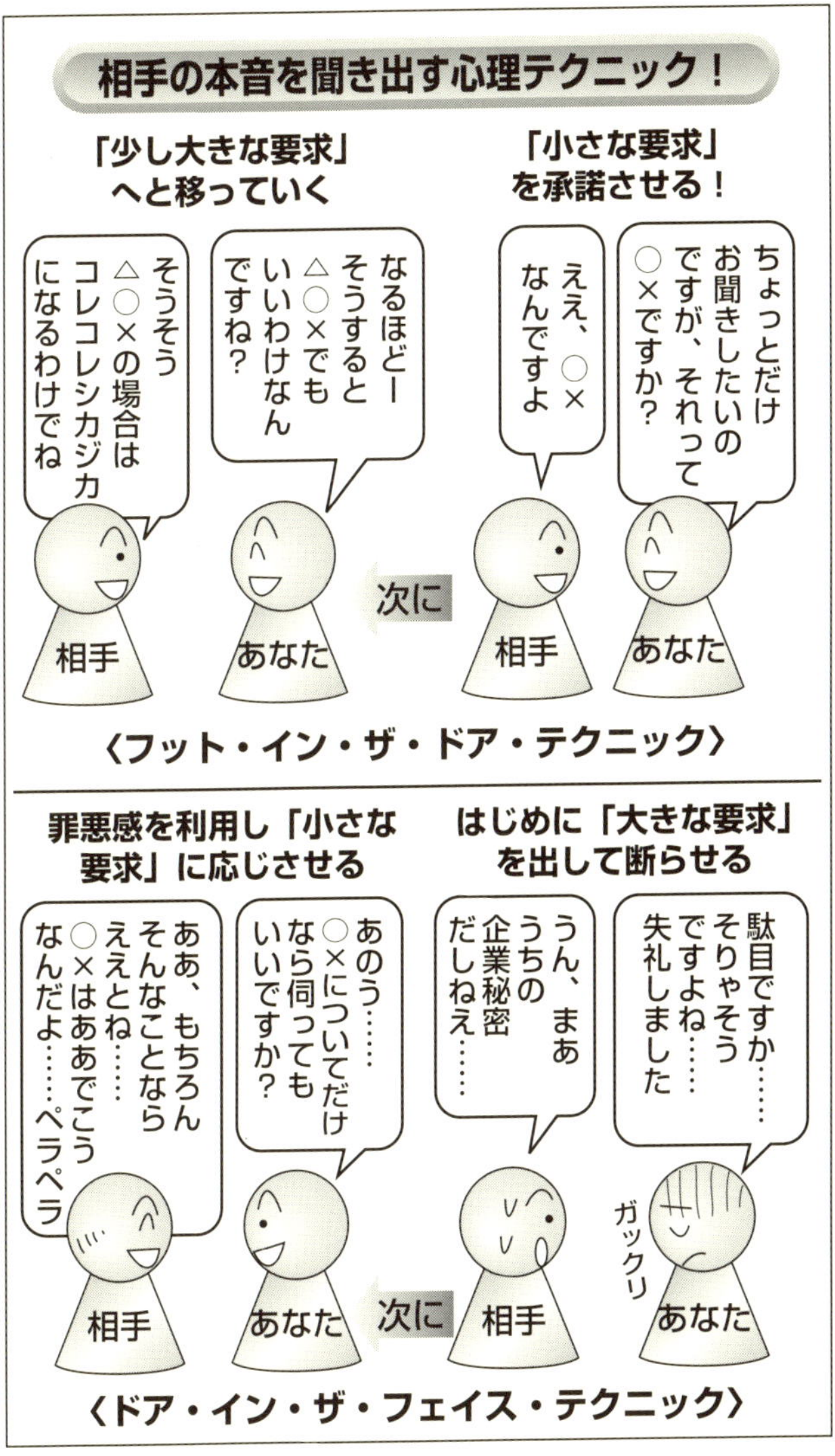

相手の本音を聞き出す心理テクニック！
「小さな要求」を承諾させる！
ちょっとだけお聞きしたいのですが、それって○×ですか？
ええ、○×なんですよ
あなた
相手
次に
「少し大きな要求」へと移っていく
なるほどーそうすると△○×でもいいわけなんですね？
そうそう△○×の場合はコレコレシカジカになるわけでね
あなた
相手
〈フット・イン・ザ・ドア・テクニック〉
はじめに「大きな要求」を出して断らせる
駄目ですか……そりゃそうですよね……失礼しました
うん、まあうちの企業秘密だしねえ……
ガックリ
あなた
相手
次に
罪悪感を利用し「小さな要求」に応じさせる
あのう……○×についてだけなら伺ってもいいですか？
ああ、もちろんそんなことならええとね……○×はああでこうなんだよ……ペラペラ
あなた
相手
〈ドア・イン・ザ・フェイス・テクニック〉

第6章 感動を呼ぶスピーチの極意

～誰でもちょっとしたコツで相手に感動を与えられる

スピーチで上がらないための日常的トレーニングの方法とは？

第2章で、スピーチをするときに上がってしまう人の心のメカニズムについては解説した。

スピーチを頼まれたとき、大抵の人が「上がらずにうまく喋れるだろうか」という不安を抱くものだが、その不安をもたらすものが過去のトラウマであり、そうした潜在意識の及ぼす影響力や克服の仕方については、大体おわかり頂けたことと思う。

この最後の章においては、話し方上達の成果が、複数の人に向けてはっきり現れることとなるスピーチ上達の極意について、さまざまなテクニックをお教えしたい。

スピーチの本番においては、第2章で解説したように、上がらないようにするための、潜在意識の騙し方（潜在意識は実際に体験したことと、頭の中で鮮明にイメージして体験したこととの区別がつかないので、今自分が置かれている状況が上がるべき状況にないことを意識的に視覚イメージを作り上げて体に知覚させ、リラックス状態に転換させる）を用いて頂きたいのはもちろんだが、それ以前に、いざというとき上がらないようにする日常的トレーニングの方法があるので、まずそれをご紹介しよう。

あなたは、商店街やスーパーなどに買い物に行ったとき、ついつい、呼び込みの声のするほうに気をとられたことがあるだろう。

「さー、らっしゃい、らっしゃい、こちら2個買うとお値段5割引！　さーお買い得、お買い得だよー」

「奥さん、サンマが安いよ、サンマ、サンマ、今朝届いたばかりの新鮮なサンマ、もってってよ、奥さん、安いよ、安いよ」

こんな感じの安売りの呼び込みもあれば、百貨店の家庭用品売り場などでは、催事としての実演販売に出合ったりもする。巧みなトークで注目を商品に向けさせ、わかりやすく実演されると、思わずその便利さに感動して、サイフを開けていたなどということもあるだろう。

ところで、こういう不特定多数に向けて声をかけるという呼び込みのパフォーマンス、あなたにもできるだろうか？

朝、会社に行っても伏し目がちで、明るく元気な声での「お早うございます」の挨拶さえ満足にこなせないのに、そんな恥ずかしいことができるかなどと思っているだろうか？

こういう商売で声を出している人たちは、もちろん慣れもあるし、何度も同じようなことを喋っているわけだから、日頃の鍛錬もあって上手にこなせるのも、ある意味当然である。

しかし、最初は周囲の視線を気にして、自然な発声ができなかったのは言うまでもないし、はじめは、場の空気に飲まれ、言うべき台詞も出てこなかった筈である。

それでもたどたどしかろうと、繰り返し声を発する習慣をつけるうちに、今では滑らかに考えなくても台詞がスラスラ出るようにさえなっているのである。

もちろん、こういう人たちが何かのスピーチを頼まれて、上手なトークができるかどうかは別問題である。ただ他人の視線が集まっても、まったく未経験の人と比べると、必要以上に場の雰囲気に飲まれることは少ないものになっているのは確かなのである。

ゆえに、これをあなたの「上がらないためのトレーニング法」にも取り入れてみることをおすすめしたいのだ。

商店街やスーパーなどで、こういう声を出している人を見つけたら、その人の言葉を他人には聞こえない小さな声でいいから自分でもそのままなぞってつぶやいてみる。これを何度も繰り返し真似していると、独特のリズム感でいくつかのフレーズを反すうしていることが体感できるだろう。

そばで立ち止まり、じっと耳を傾け、自分も同じ調子で、フレーズを繰り返す。だんだん、空で言えるようになったら、今度はお店の中で、人が大勢行き来しているほうを見ながら、同様につぶやいてみる。

どうだろう。これを繰り返し実践するだけで、奇妙なことながら、だんだん他人の視線が恐くなくなってくるのである。誰もあなたに注目していない場所で、あなたが注目を集めようとするのだから、あなたのほうが周囲を注意深く観察してしまう。これが全体を「飲む」という行為につながるのである。

もちろん、実際に声を出すのは恥ずかしいだろうから、他人に聞こえないように口元で小さくつぶやくだけだ。

しかし、不思議なことに自分でも他人に向かって声を出せるし、人がこちらに一斉に顔を向けてきたとしても、何だか大丈夫のような気がしてくるだろう。

この感覚を味わってほしいのである。

人から注目されても、どうってこともなさそうだな、という感触を、ここでつかむことが重要なのである。

これを、人出の多いスーパーや商店街に行ったとき、立ち止まって一人で誰にも気づかれぬ中、何度か繰り返してほしい。そのうち慣れてくると、面白いことに自分でも実際に声を出して、セールストークを喋ってみたいという誘惑にさえとらわれてくる。

これでもう、大勢の人の目が、自分に一斉に注がれたとしても、視線に負けたり、場の空気に、必要以上に飲まれたりすることもなくなるのである。

あえて記すのが馬鹿馬鹿しいくらい簡単な方法なのだが、実にこれが効果テキメンの日常的トレーニング法なのである。

POINT

人出の多いスーパーなどでできるスピーチ上達法！

人出の多い商店街やスーパーでよく行なわれている呼び込みのパフォーマンスを見たら、秘かに、小さな声で真似してみよう。何度も繰り返すうちに、実際に自分でも声を出してみたいという衝動さえ覚えてくる。するとその頃には不思議なことに周囲の視線さえ恐くなくなっているのだ。

場に飲まれず、視線が恐くなくなるトレーニング

店頭などの声出しパフォーマンスの呼び込みに注目！
じっくり観察
あなた
さーいらっしゃいいらっしゃいこちらタイムセールスで2割引き！
よそでは買えない味だよー
自分も小さな声で真似してなぞってみる。
いらっしゃいいらっしゃい
ブツブツ
あなた
さーあと残りわずかとなってますよー
今だけ今だけですよー
フレーズを覚えたら、今度は、人の大勢いるほうを向いて、秘かに自分もやってみる！
ブツブツ
あれ、何か平気な感じがしてきた……
あなた
売店
ガヤガヤガヤ

＊人出の多い場所に立ち止まり、声を出そうという意欲をもって見渡すと冷静かつ落ちついた気分になり、周囲の人たちへの観察眼も養えるようになる。

スピーチ直前の準備作業!

スピーチを行なうときには、それが朝礼であろうと、結婚式などのパーティーやプレゼンであろうと、堂々とした態度で落ちついた声が出せるのが望ましい。

しかし、実際には平常心を失なって冷静さを欠き、それがために思ってもいなかった失敗を経験したという人が多いのも実情だろう。

氏名を紹介されたときから、周囲の注目はあなたの一挙一動に寄せられる。

時々、いかにも緊張して、ドギマギした様子でマイクに向かう人を見かけるが、こういう人は、かえって注目を引いてしまうと思ったほうがよい。

「あー、あの人相当に上がってるな、どれどれ、どんなふうに喋り出すのか、こりゃあ見ものだぞ」

こんな思惑を抱かせてしまう人は、やはり皆の期待通りに(?)、マイクの前で吃《ども》ったり、上ずった声で話しはじめ、ますます注目を集め、本人もますます緊張してしまうということにもなりかねない。

おそらくスピーチをはじめた本人の目は虚ろになって、どこを見ているのやら、頭にカーッと血がのぼって何が何やらわからなくなっているという状態だろう。

こんなことにならないためにも、前項でふれた日常的トレーニングや、第2章第1項で解説した潜在意識コントロール法を実践して頂きたいのだが、スピーチの本番直前に次のような発声練習を秘かに行なっておくと、口元の筋肉がほぐれ言葉も滑らかに出やすくなる。

Ⓐ「ア・エ・イ・ウ・エ・オ・ア・オ」

Ⓑ「竹やぶ焼けた」「タンコブとれた」「ヤケのやんぱち、やったるで」

Ⓒ「嬉しい・楽しい・ピクニック」「ラッキーハッピーまたハッピー」「メラメラ・メラメラ闘志が燃える！　ラリルレラ行でラッパ飲み！」

Ⓐは、現役のアナウンサーなども、ニュース原稿などを読む前によくやる、言葉の歯切れ、発音を明瞭にするための滑舌訓練である。一語一語を正しい口の形です早く発音していくのがコツである。

Ⓑは、リズミカルに行なうことのできる簡単容易な早口言葉である。発音しやすいタ行とヤ行で口の動きをさらに柔らかくする効果がある。

Ⓒは、言霊《ことだま》効果を狙った暗示言葉。リズミカルに繰り返し唱えるうちに、だんだん言葉の意味に沿って気分がほぐれ、自分にも自信がもてるようになるから不思議である。

誰にも気づかれぬように、ちょっと口元の動きなどを手で隠し、ガムでもクチャクチャ噛んでる要領で繰り返し行なっておくと、いざマイクの前に立っても、声が上ずったり、吃ったりすることがなくなるからおすすめしておきたい。

それから、司会者などから紹介された際、気をつけて頂きたいのは、目線を上げてマイクまで歩くこと。

大きく息を吸いながら、口元をぐっと引きしめ、早足でもよいから大股で、周囲の状況を眺めるようなつもりで歩をすすめていくこと。

こうすると大雑把にでも聴衆の顔の表情が読みとれる。

そして「スピーチが長いと聴くほうも大変だね。私は短かくスッキリやるから退屈しなくてすむよ」ぐらいの言葉を心の中から聴衆に向けてメッセージを放つつもりで歩いてやろう。

また、こうした情景を、あらかじめ視覚的イメージで描けるのであれば、事前に何度も頭の中でシミュレーションしておくことで、潜在意識にすでに経験ずみの状況として記憶させられるから、リラックス気分を醸し出すこともできるだろう。

そして、大事なことはマイクの前に立っても、慌てないことだ。

ゆっくり一礼し、聴衆全体をひと呼吸間《ま》を置くつもりでもう一度よく見渡してしまうこと。

息を吸い「ご紹介頂きました○×です」と大きな声でゆっくりはじめるのがポイントである。

氏名を呼ばれたからといって、伏し目がちのまま、そそくさと早足でマイクの前まで歩き、早く話してさっさと終わらせなくちゃとばかり慌てた気持ちで話しはじめると、これだけでもう、潜在意識は体感した状況への反応として、交感神経を活発にはたらかせ、全身を緊張に導いてしまうのだから、十分気をつけて頂きたい。

こうした注意事項を、頭の中に入れてシミュレーションしておけば、もう心配はいらない筈である。

台詞をとちろうが、言葉が途中で出なくなっても、「えーとですね、何と言ったらいいか、つまりですね」などと堂々とフォローを入れて、違う言葉を探して続けていけばよいだけなのである（開き直りの心境が大事）。

スピーチをするときには、腹式呼吸で行なうのがよいなどと、スピーチ関連の本には例外なく書かれているが、あえて、そんなことを意識しなくても、とにかく息を大きく吸って、大きな声を出すように心がければ、自然に腹式呼吸になることも知っておいてほしい。

恥ずかしがって、小さな声でボソボソやって終わらせようなどという了見は、かえって、聴衆の注目を引きやすいということを認識し、努めて堂々とふるまうようにすれば、スピーチなどどうってことはないのである。

ぜひ、これらの手順を踏んで頂きたい。

人に飲まれるのは、自分の心に余裕がないのだから、余裕がもてるようにするためのちょっとした工夫や準備が肝心なのである。

POINT

事前に状況をよくシミュレーションし、秘かに発声練習すべし！

事前に発声練習を秘かに行なったり、状況をシミュレーションしておけば、潜在意識もリラックスして本番に臨めるようになる！

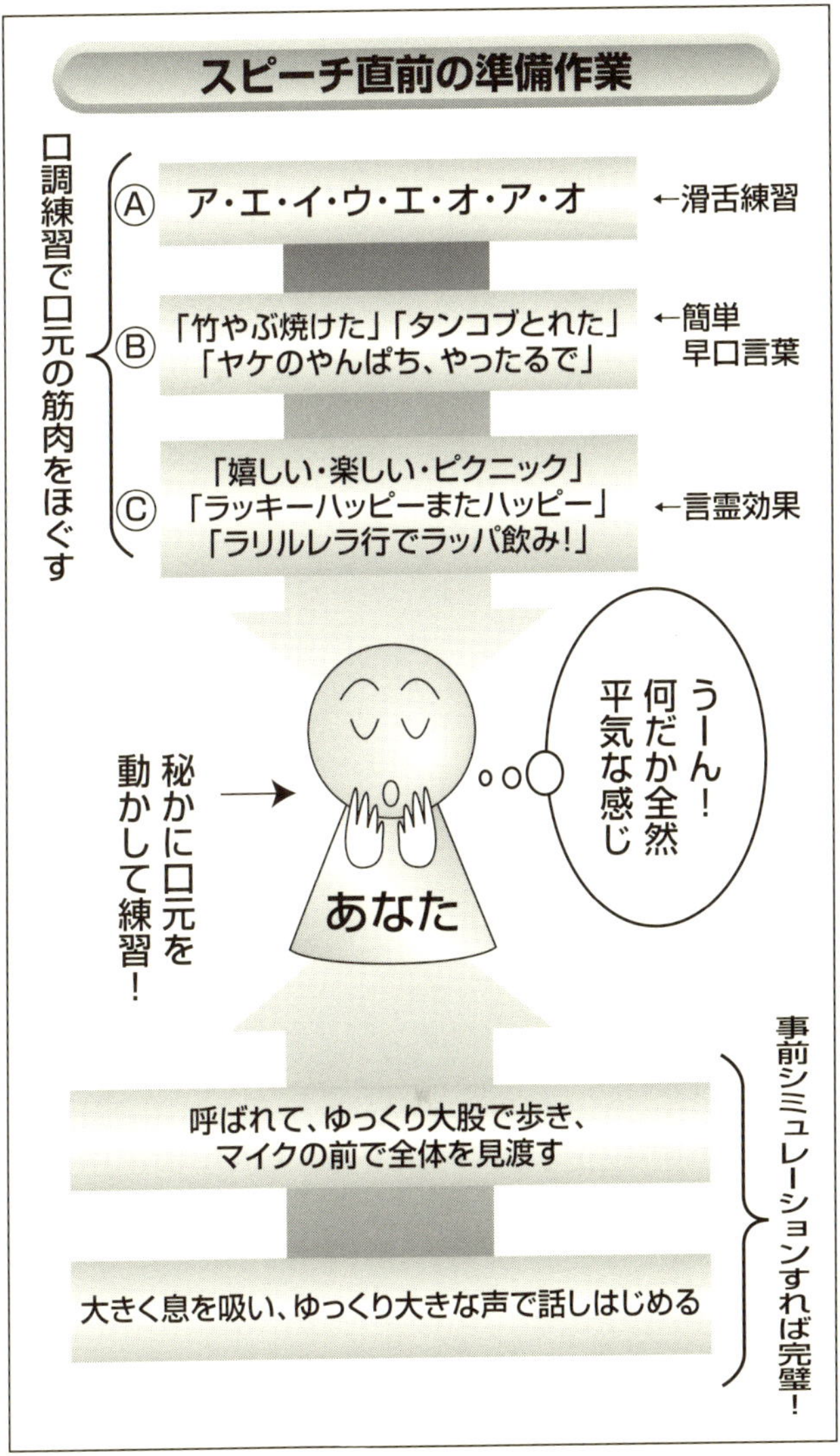
スピーチ直前の準備作業
口調練習で口元の筋肉をほぐす
Ⓐ ア・エ・イ・ウ・エ・オ・ア・オ
←滑舌練習
Ⓑ「竹やぶ焼けた」「タンコブとれた」「ヤケのやんぱち、やったるで」
←簡単早口言葉
Ⓒ「嬉しい・楽しい・ピクニック」「ラッキーハッピーまたハッピー」「ラリルレラ行でラッパ飲み!」
←言霊効果
秘かに口元を動かして練習!
あなた
うーん! 何だか全然平気な感じ
呼ばれて、ゆっくり大股で歩き、マイクの前で全体を見渡す
大きく息を吸い、ゆっくり大きな声で話しはじめる
事前シミュレーションすれば完璧!

スピーチを面白くするためのテクニック…その①

「10分くらいのスピーチをお願い致します」

などと言われると当惑する人が多い。一体何を喋ろうかと頭を抱えてしまうからである。

第2章でも述べたが、スピーチをするにあたっては、まず主題（テーマ）を決める必要がある。スピーチを通じて何を言いたいのかがなければはじまらないからだ。

それが決まったら、結びの言葉を用意して、1分くらいで話をまとめられるように、練習することをおすすめした。

これは、家にたとえるなら骨組みの部分をガッチリ作っておくということである。

5分、10分とスピーチの時間があっても、この骨組みの形は変わらない。あえていうなら、3階建て用、4階建て用と枠組が大きくなっただけのことである。

エピソードをふやしたり、引用を取り入れたりしても、元の形は同じである。

だから、5分のスピーチ、10分のスピーチ、20分のスピーチであっても、テーマはひとつに絞り込まれていなければ、時間が長くなるほど、聞いている人には、何が言いたいのかがわからなくなる。

20分、30分のスピーチであっても、言いたいことはひとつなのだ。

「残業は、個人にとっても会社にとっても有害だ」

「成果主義より年功序列制こそ万人に平等かつ公平な人事考課システムだ」

「夫婦円満の秘訣は夫婦揃って共通の趣味をもつことだ」

「コスト削減に限界はない」

「どうしたら社員のヤル気がなくなるのか、それをよく考え、その逆を実行すべし」

このように、テーマを簡潔なひと言でまとめられるかどうかが鍵を握っている。

そうでなければテーマそのものが漠然としていたり、焦点がぼけていてわかりにくい、メッセージ性が弱いということになる。自己紹介するのでも「自分はこういう人間です。こういう人間になろうと努力しています」といったメッセージになるものがなければ、聞いている人間には何の感慨も湧かないだろう。どこで生まれて、どんな子供時代で、成人してからはどんなところで働いていては、履歴書通りの時系列で面白味が感じられないのである。

テーマとは主張である。私はこう考える。こうでなければならないという本人の強いメッセージ性が感じられるほどに、聴衆はスピーチに引き込まれる。

当然、抽象的なテーマより、身近で具体的な、経験に則ったものほど、聞き手の心にもよく響く。また、世間でいうところの一般論での結論を踏まえたものより、逆説的で、シニカルなものであるほど印象にも残りやすい。

元首相の田中角栄という人は、その点逆説的スピーチの名手でもあった。

「子供の教育は、ほんとは土曜日も普段と同じようにみっちりやったほうがいいんです。そして、休むときは夏、冬、45日ぐらいずつ休ませる。この間、子供は田舎に寄こせばいい。おじいちゃん、おばあちゃんと遊んで、自然の昆虫や動物に接して、本当の自然教育を実体験で行なうんだ。今ねぇ、東京の子供に〝バッタはどこにおるんだ〟と聞いてみなさい。〝三越だ〟と言うね。そんな馬鹿なことがあるかッ（爆笑）」（『田中角栄の人を動かすスピーチ術』小林吉弥著・講談社刊）

わずか200字程度、時間にして1分もかからないスピーチで、自らの教育観、こうあるべきというメッセージを伝えている。結びの言葉は、一人漫才の突っ込みまで行なって笑いにつなげている。見事なものだろう。

企業減税論者だった田中氏は、大蔵大臣当時、次のようなシニカルな例を挙げて自説の正しさをアピールしている。

「タマゴをそのまま食ってしまうか、それともこれを一度かえしてニワトリにし、タマゴの拡大再生産といくか、どっちが賢いやり方かは子供でもわかる。国の経済全体を進ませなきゃならんのだ。それにはまず、タマゴをニワトリにかえさないといかん」（前出同じ）

このように、物事を言い換えによって、単純な図式にして見せると、言葉というのは説得力を増す。場合によっては、聴衆の考え方を右から左へ正反対のものへとひっくり返す力さえももつのである。

かつて、保守合同の仕掛人といわれた三木武吉《みきぶきち》という政治家の演説会での有名なスピーチがある。〝立派なことを言うが、アンタは妾を３人も抱えているそうじゃないか〟と野次を飛ばされて、三木氏は敢然と言い放ち、大向こうをうならせたというのである。

「ただいまの３人というのは間違っております。私には３人ではなく５人おるのです。けれども今日、彼女たちもすでに相当の年輪を重ねております。しかれども役に立たぬと彼女らを捨てさるが如き不人情は、この三木にはできませぬ。今なお変わらず、一人として見捨てることなく面倒を見続けているのであります」

この率直さが功を奏し、見事当選を重ねたというのだから、あっぱれである。

これは詭弁術の類に入るやも知れない論理展開ではあるものの、このようにスピーチは聴衆の固定観念に穴をあけ、価値観を変えさせるほどの強い力をもつこともあるという例である。できるだけ、自らの周辺事例に目を向けて具体性をもたせ、何が言いたいのかをピシャリと押さえた結びの言葉をあらかじめ用意しておく。これなら、10分、20分の長いスピーチであっても、メッセージの内容は明瞭に伝わるのである。

POINT

言いたいことは何かを、スピーチの前に明確にすべし！

自分が言いたいことを明確にし、結びの言葉を用意して、スピーチの骨組みを構築する。1分くらいでまとめられるよう骨組みさえガッチリ作っておけば、10分、20分の時間であっても、あなたのメッセージは明瞭に伝わる筈なのだ。

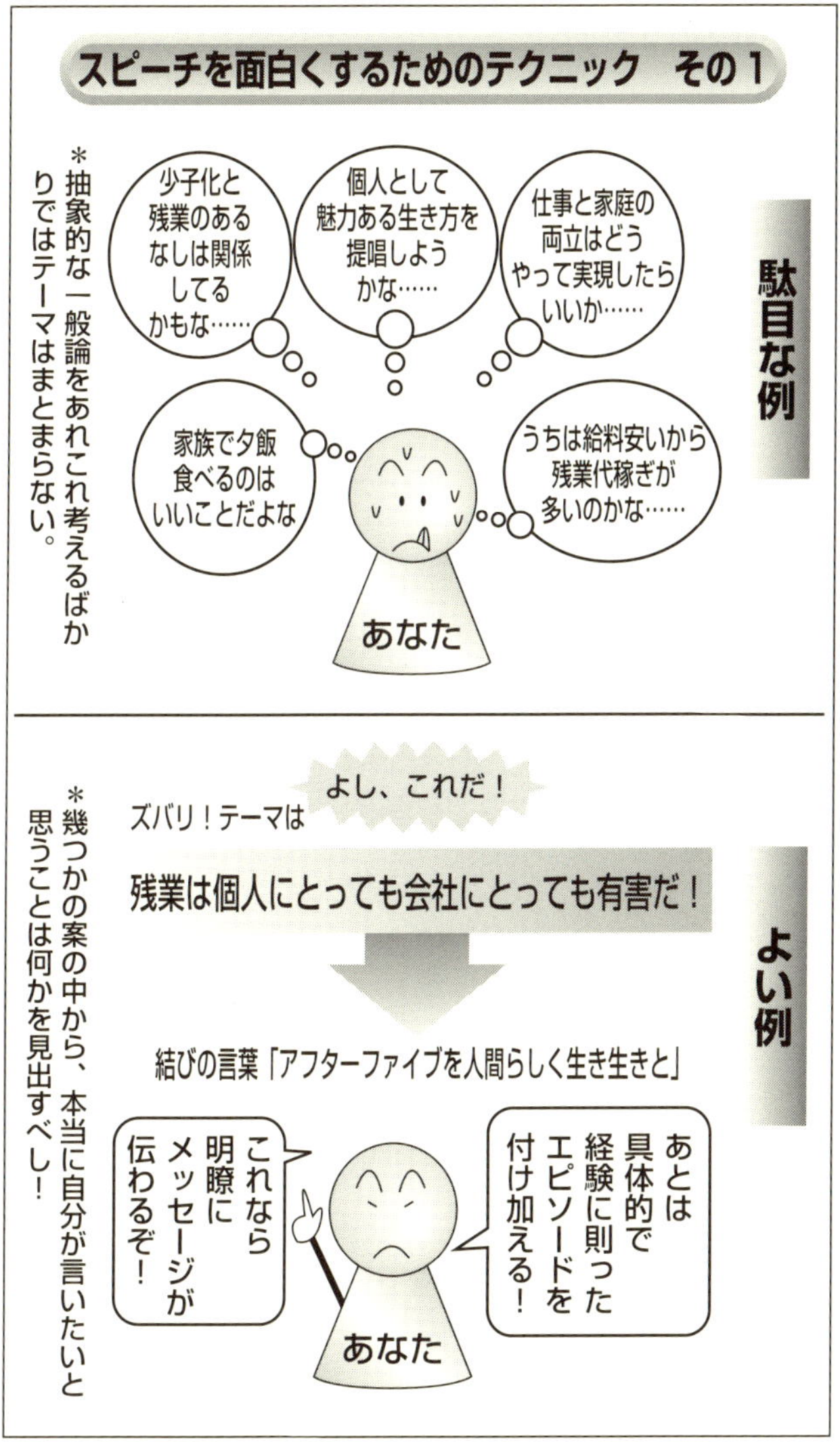
スピーチを面白くするためのテクニック　その１
駄目な例
＊抽象的な一般論をあれこれ考えるばかりではテーマはまとまらない。
少子化と残業のあるなしは関係してるかもな……
個人として魅力ある生き方を提唱しようかな……
仕事と家庭の両立はどうやって実現したらいいか……
家族で夕飯食べるのはいいことだよな
うちは給料安いから残業代稼ぎが多いのかな……
あなた
よい例
＊幾つかの案の中から、本当に自分が言いたいと思うことは何かを見出すべし！
ズバリ！テーマは
よし、これだ！
残業は個人にとっても会社にとっても有害だ！
結びの言葉「アフターファイブを人間らしく生き生きと」
あとは具体的で経験に則ったエピソードを付け加える！
これなら明瞭にメッセージが伝わるぞ！
あなた

スピーチを面白くするためのテクニック…その②

スピーチの骨組みが決まったら、どんな展開で自分の主張をアピールするか、具体的な事例、自分の経験などを挙げて肉付けをしていかなければならない。

ここではスピーチを面白くするための、肉付けのテクニックについてお教えしよう。

まずはじめに、〝三段論法〟の活用法だ。ここでも田中角栄元首相のスピーチが参考になる。

「ええですか。自動車が走るにはまず道路がいる。歩道ならともかく、自動車道路となれば舗装が必要だ。道路をつくり、舗装するにはカネがかかる。それならクルマを走らせるためには、まずガソリンが必要なのだから、ガソリン税をとって財源を確保し、道路づくりをやるべきだ。

道路がよくなれば、クルマの利用者は増える。伴って、ガソリン使用量も増える。ガソリン税が入れば、それをまた道路づくりに回せるというものだ」（『田中角栄の人を動かすスピーチ術』小林吉弥著・講談社刊）

これが、戦後の日本復興に大いに貢献したといわれる「道路三法」のうちのひとつ「道路整備緊急措置法」導入にあたっての田中氏のスピーチだ。

打出の小槌を思わせるレトリックがよく効いている。

このように、大前提（道路を必要とするのはクルマである）、次に小前提（クルマが必要とするのはガソリンである）、最後に結論（ゆえにガソリンから道路をつくる財源を確保すべし）という形をとると、相互の関連性がはっきりするのである。

つまり、ＡイコールＢである。ＢイコールＣである。ゆえにＡイコールＣであるという展開の仕方が〝三段論法〟の要諦になる。

すなわち「会社は社会の公器である」「公器が利益追求のみを追い求めていてよい筈がないのである」「ゆえに会社は社会貢献をも考えるべし」といった具合である。

次に、世界の成り立ちや社会事象を身近な例で説明する〝比喩〟の活用法がある。

〝比喩〟の使い方の名人といえば、これまた田中角栄氏のスピーチが参考になる。

「（略）子供が10人おるから羊羹《ようかん》を均等に切る。そんな社会主義や共産主義みたいな馬鹿なこと言わん。君、自由主義は別なんだよ。（羊羹を）チョンチョンと切ってね、一番ちっちゃい奴にね、一番デッカイ羊羹をやるわけ。そこが違う。分配のやり方が違うんだ。

大きな奴には〝少しぐらい我慢しろ〟と言えるけどね、生まれて3、4歳のはおさまらんよ。そうでしょう。それが自由経済ッ」(前出同じ)

こういう言い方をすれば、自由経済はいいものなんだなと、聴衆の胸にもストンと落ちるものがある。

新自由主義やグローバリズムの進化で格差社会が云々される今日、田中氏が生きていたなら、どんな人情論に置き換えて煙《けむ》に巻いたことだろう。

次に、スピーチの中に、引用や数字を組み入れることでも、説得力は増してくる。

「かの松下幸之助氏も〝人間の力には限界があるから、力以上のことをやろうとしたり、させたりすると失敗する。指導者は、仕事を適切な大きさに分け、その分野の責任と権限を委譲して、各人の力に応じて徹底してもらうほうが、仕事にも無駄がなくなり、能率も良くなる〟と語っています。私も松下氏の言葉にまったく同感であり……」

一見当たり前の真理を主張する場合でも、このように〝経営の神様〟の異名をとった松下幸之助氏の言葉として紹介すると、重味も違ってくる。

心理学でいうところの〝後光効果〟すなわち権威によるハク付けが可能になるのである。

また、実際の数値をアバウトでも挿入させると、スピーチの迫力も違ってくる。

これまた田中角栄氏は、数字使いの名人でもあったのだ。

「今年（昭和五十七年）は、１５０億ドルの対米貿易量の黒字です。それが１８０億ドルになった。１８０億ドルとは、どういった数字か、簡単に申し上げますと、こうです。世界でもってね、約50億の人たち、１５０の国々がやってる貿易は２兆ドルです。日本のやっておるものは、その10分の１の２千億ドルッ。その中で日米間は６００億ドルだと思っておったのが、実は７００億ドルくらいになるんです。往復７００億ドルのうち、１８０億ドル、日本の輸出が多いとしたらどうですか。６００億ドルとするとね、３かける６でイコール18ですね。６００億ドルのうちの３分の１は、日本が押し込んで儲けていると、こういうふうに向こうは言ってるんです。日本は儲けていませんと言っても、そういうことを言われているんだ」（前出同じ）

数字を組み入れるといっても、やみくもに数字を挙げるのではなく、わかりやすいように算術の例を出して、アバウトで量を理解させようとの工夫がある。

ただ単に、覚えた数字を羅列して見せても、単に「頭がいいのね」「記憶力がいいのね」と冷笑されかねないところだが、ここまでくると、説得力は否が応にも増すのである。

スピーチの要諦は、このように骨組みの上に、どれだけ巧みな肉付けができるかが重要なのである。

三段論法で論理をシャープに切り結んだり、身近なたとえを挙げて内容を単純かつわかりやすいものに転換したり、引用で権威付けしたり、数字でリアリティを増すなどする他にもまだまだ沢山のテクニックがある。

しかし、大体このへんまでを押さえておくなら、あなたのスピーチが格段に輝きを増すのは間違いないだろう。

実際に今日からでもぜひ活用して頂きたいものである。

POINT

三段論法、比喩、権威付けなどで肉付けしよう！

スピーチは骨組みが肝心だが、それだけでは説得力をもちえない。三段論法や比喩、引用などの権威付けで、十分な奥行きをもたせたものにすることで聴衆の感動を呼び起こす内容となるのである。

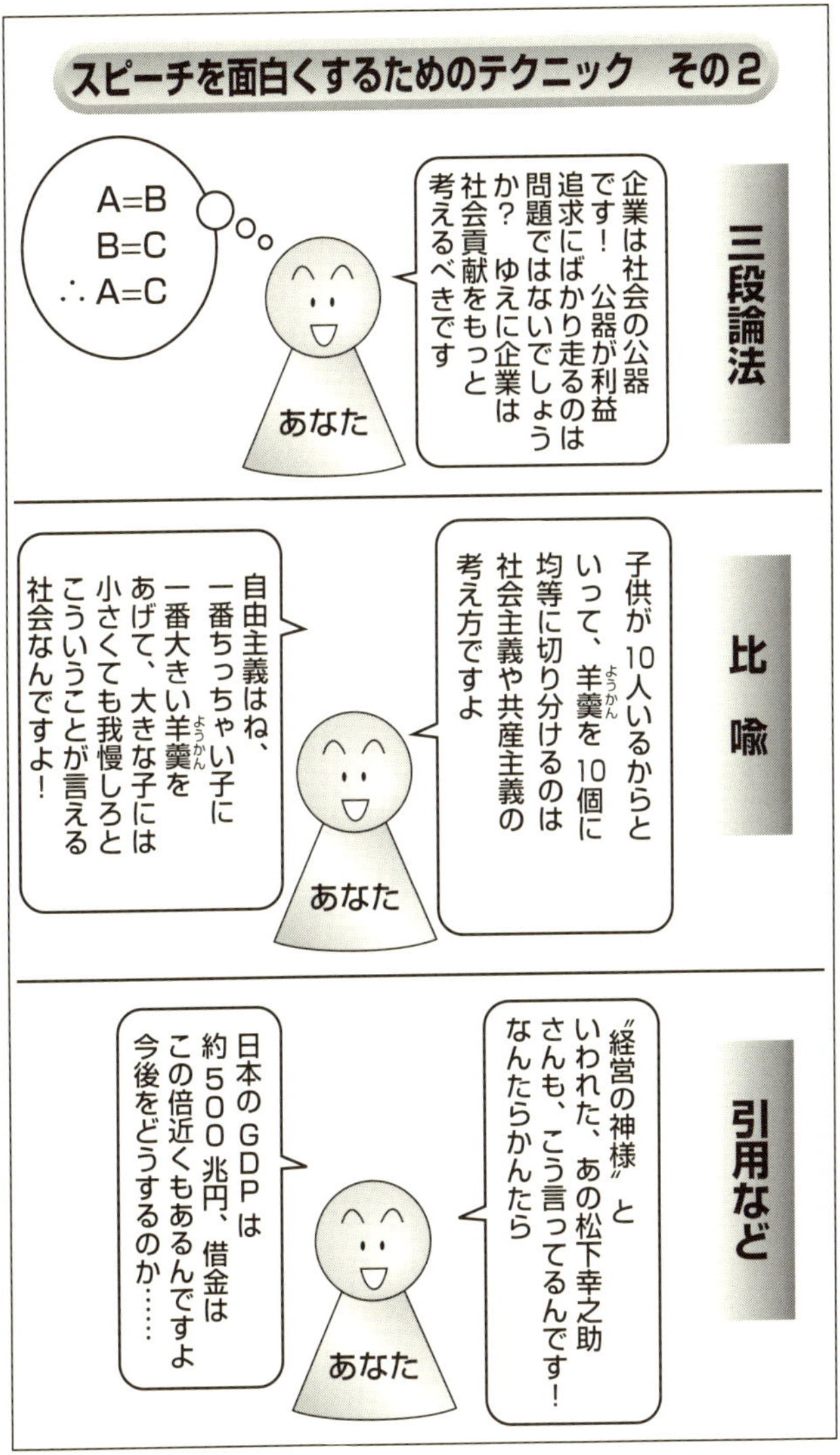
スピーチを面白くするためのテクニック　その２
三段論法
企業は社会の公器です！　公器が利益追求にばかり走るのは問題ではないでしょうか？　ゆえに企業は社会貢献をもっと考えるべきです
A=B
B=C
∴A=C
あなた
比　喩
子供が10人いるからといって、羊羹《ようかん》を10個に均等に切り分けるのは社会主義や共産主義の考え方ですよ
自由主義はね、一番ちっちゃい子に一番大きい羊羹《ようかん》をあげて、大きな子には小さくても我慢しろとこういうことが言える社会なんですよ！
あなた
引用など
〝経営の神様〟といわれた、あの松下幸之助さんも、こう言ってるんです！なんたらかんたら
日本のGDPは約500兆円、借金はこの倍近くもあるんですよ今後をどうするのか……
あなた

おわりに……巧みな話し方があなたの人生を切り拓く！

本書は、従来の〝話し方上達法〟といった類の本とは、些か趣きを異にしている。

それは、話す側のあなたの潜在意識、聞く側の人の潜在意識のはたらきに重きを置くことで、簡単かつ確実に話し方が上達するコツを伝授しているところにある。

しかもそのノウハウは、著者が長年にわたって行なってきた〝催眠心理療法〟の臨床例から導き出された方法論がベースになっているから、効果も有効性もすべて実証ずみのものばかりである。どうぞ安心して、話し方上達法のバイブル本として、あなたの座右の書の一冊に加えて頂きたいと自負するゆえんなのである。

人間社会は、文字通り人と人とのコミュニケーションによって成り立っている。

コミュニケーションを豊かで実りあるものにするために、話し方の上達は欠かせないものである。短時間にあなたの魅力を存分に相手に伝え、同時に相手からもより多くの有益な情報を引き出して自分のものにしていく――このことが最も重要なスキルとして求められるのだ。チャンスは毎日訪れているのだから、うかうかしてはいられないのである。

自分では、うまくやっているつもりでも、他人からすると、どうにも近寄りがたかったり、話が弾まない相手として認識されてしまっているということはよくある話だ。

本書は前半で、あなたが陥りやすい話し方を、人間の本能行動由来の潜在意識の作用にまで立ち入ることで、より深い理解を得て頂くべく解説に努めたつもりである。

あなたの潜在意識（無意識）のはたらきを上手にコントロールし、格段の進歩を図って頂きたいと願ったからに他ならない。

なお、心理作用や、催眠作用、催眠療法についてのさらに詳しい解説は、次の機会を待って頂きたいものだが、ぜひにという方は、著者監修の催眠術ビデオ講座（リアルプロモーション教育事業部・０３・３５４２・３０２５　http://www.realedu.co.jp/）に当たってほしい（案内書は無料送付）。

本書を日常的に活用されることで、あなたの人生が、明るく輝かしいものになることを願っている。また、お目にかかりましょう！

平成19年5月

神岡真司&日本心理パワー研究所

●編者紹介

神岡真司＆日本心理パワー研究所
（かみおかしんじ＆にほんしんりぱわーけんきゅうじょ）

代表・神岡真司。1999年２月25日設立の当研究所は、最新の心理学研究の成果を実証的に応用することを目的として発足。ビジネスマン、ＯＬ、主婦、学生層といった幅広い分野で活躍する個人へ、各種悩み解消のためのカウンセリング活動、内的イノベーションスキル修得のための企業向けコンサル、ビジネスマインド確立のための独立セミナー企画等、常に時代のニーズにマッチした研究開発、啓蒙推進活動を行なっている（旧名称は日本催眠心理学研究協会）。著書に『苦手な相手に勝つ 実践切り返し術』（小社刊）などがある。

頭がいい人が使う
話し方のコツ

平成19年５月30日　第１刷発行
平成20年５月１日　第７刷発行

編者
神岡真司＆日本心理パワー研究所
発行者
西沢宗治
DTP
株式会社キャップス
印刷所
誠宏印刷株式会社
製本所
株式会社越後堂製本
発行所
株式会社日本文芸社
〒101-8407 東京都千代田区神田神保町1-7
TEL.03-3294-8931［営業］, 03-3294-8920［編集］
振替口座　00180-1-73081

＊

Printed in Japan　ISBN978-4-537-25500-3
112070515-112080425Ⓝ07
編集担当・大谷
URL　http://www.nihonbungeisha.co.jp